설득의 방정식

설득의 방정식

김범석 지음

 영업에서의 "적"은 고객의 망설임이다

인간의 기본 심리를 이해하고 이를 세일즈에 적용하는 것은
성공적인 비즈니스를 위한 중요한 열쇠가 될 것이다.

바른북스

영업은 누구나 할 수 있지만
아무나 성공할 수 없다.

- 김범석 -
세일즈 김사부

서문

영업은 단순한 직업이 아닌
생존을 건 전투

전쟁터에 처음 발을 디딘 순간, 공포와 긴장감이 몸을 사로잡는다. 이는 영업의 세계에서도 마찬가지다. 당신이 처음 영업 현장에 발을 들이는 순간, 수많은 눈동자가 당신을 주시하며, 당신의 매 순간을 판단한다. 이는 단순한 직업이 아니라, 생존을 건 전투다. 당신의 무기는 바로 '멘트'이며, 이를 통해 당신은 고객의 마음을 사로잡고, 경쟁자를 물리치며, 결과적으로 승리의 깃발을 꽂을 수 있다. 영업의 전투에서 승리하고 싶다면, 첫 번째 무기는 바로 자신감이어야 한다. 당신의 자신감은 고객에게 전달되며, 이는 당신의 제안에 대한 신뢰로 이어진다. 자신감 없는 멘트는 적에게 빈틈을 보이는 것과 같으며, 이는 곧 패배로 직결된다. 매일 아침 거울을 보며 자신을 다잡아야 한다. "나는 최고의 영업 사원이다."라고 스스로에게 주문을 걸며 자신감을 불어넣어라. 전투에서 적을 알고 나를 알면 백전백승이라는 고전적인 전략은 영업에도 적용된다. 고객의 필요와 욕구를 정확히 파악하지 못하고서는 절대로 그들의 마음을 사로잡을 수 없다. 고객이 무엇을 원하고, 무엇에 고통을 느끼는지 깊이 연구하고, 그들의 말에 귀 기울여라. 고객의 말 한마디 한마디에서 영업의 기회를 찾아내야 한다. 영업은 공격적인 자세에서 시작된다. 당신이 주저하면, 경쟁자가 당신을 앞질러 나갈 것이다. 고객에게 접근할 때는 당당하고 자신감 있는 태도로 나서야 한다. 당신의 제품이나 서비스가 고객의 문제를 해결할 최고의 선택임을 분명히 해야 한다. 멘트를 통해 당신의 열정과 진정성을 보여주어라. 고객은 이를 통해 당신의 제안에 더 큰 가치를 느낄 것이다. 영업은 패배를 통해 배우는 과정이다. 모든 전투에서 승리할 수는 없다. 패배를 경험할 때마다 그 안에서 교훈을 찾아내고, 다음 전투를 위해 무장을 강화하라. 실패를 통해 당신은 더욱 강해지고, 더욱 노련해질 것이다. 이제 당신은 준비가 되었다. 영업의 전투가 결코 쉬운 것은 아니지만, 이 글에서 제시한 전략을 마음에 새기고 실천에 옮긴다면, 당신은 어떤 전장에서도 살아남을 수 있을 것이다. 전장으로 나아가라, 당신의 승리를 위해!

영업을 고민하고 있는
당신에게

영업(Sales)을 직업으로 선택하는 데에 있어서 많은 사람들이 고민과 걱정이 많다. '영업'이라는 두 글자가 주는 '갑'과 '을'의 불편한 뉘앙스 때문이다. 흔히 '영업'이라고 하면 나 아닌 다른 사람에게 부탁하고 아쉬운 소리를 해야 하는 '을'의 직업이라는 사회적 편견이 자리 잡고 있기 때문이다. 나 또한 처음에 '영업'이라는 직업을 선택하는 데에 있어서 고민이 없었던 것은 아니다. 심각한 고민을 하던 중에 문득 머릿속에 이런 생각이 스쳐 지나갔다. 이 세상에 영업이 아닌 것이 있을까? 우리의 일상생활에서 빈번히 일어나고 있는 '일상'이 모두 영업의 전부 아닌가? 하는 생각! 커피숍 사장님은 커피를 팔고, 핸드폰 매장의 사장님은 핸드폰을 팔고, 교수와 선생님은 지식을 팔고, 헤어디자이너는 기술을 팔고, 심지어는 대통령도 '외교'라는 세일즈를 하고 있지 않나. 아~ 이 세상 모든 것이 세일즈구나. 그렇다면 이왕 팔 거면 부가가치가 가장 높은 것을 팔아보자. 그렇다면 부가가치가 가장 높은 상품이 뭘까? 바로 '나'였다. 영업을 잘 하기 위해서는 세일즈맨이 호감이 가야 한다. 호감을 만드는 것은 기술이 아니라 태도라고 생각한다. 이 책은 세일즈 세계에서 반드시 결과로 이어질 수 있는 많은 기술들을 알려주지만 그 이전에 먼저 태도부터 다듬을 수 있는 독자 여러분이 되길 바란다.

  마지막으로 이 자리를 통해 지금의 나를 있게 해준 사랑하고 고마운 사람들에게 감사의 인사를 전하고 싶다.

  항상 내 삶의 가장 큰 이유이자 나의 사명인 우리 사랑하는 덕이, 당신이 있어 지금의 오빠가 있을 수 있었습니다, 감사합니다, 사랑합니다. 그리고 자기 일 척척 알아서 잘하고 한 번도 속 썩이지 않고 잘 자라준 우리 이쁜 딸, 마음 1등! 아빠의 자부심 우리 멋진 아들, 물심양면 도와주고 계신 사위 사랑 1등인 우리 멋진 장인어른과 영업을 가장 처음 1등으로 지지하고 응원해 주신 우리 사랑스러운 장모님 감사드립니다.

  그리고 마지막으로 부족한 자식을 위해 당신의 삶보다는 가족들과 자식들을 위해 일평생 헌신하신 엄마, 아빠 감사하고 사랑합니다. 아버지 당신이 알려주신 모든 것들이 지금의 저를 있게 만들어 준 인생 최고의 교훈이었습니다. 엄마 아빠의 아들로 태어난 것이 인생 최고의 축복이었습니다. 너무나 감사하고 사랑합니다.

목차

서문

Part 1
전략적인 한마디로 승부를 결정하라!

14   고객을 사로잡는 비밀

29   한마디의 파괴력, 당신의 영업을 완성하다

34   고객의 마음을 흔드는 주문 – 사람을 사로잡는 말하기 기술의 예시

37   거절을 두려워 말라 – 당신의 '아니오'를 '예스'로 바꾸는 방법

40   당신의 '아니오'를 '예스'로 바꾸는 방법의 예시

43   현장의 불길 속에서 다져진 전술

46   실전! 영업 현장에서 통하는 승리의 멘트들

58   어려움 속에서 꽃피운 진정한 대화의 기술

65   상대방의 마음을 열어젖히는 멘트 전략

69   고객의 감정을 건드리는 최강 멘트들

72   대화의 매력을 높이는 반응과 몸짓

75   입문자를 위한 멘트 연습법 – 기본에서 고급까지

79   실패에서 배우다: 멘트 실패 사례와 그 해결책

83   전문가의 멘트 노하우 공개

87   구체적인 예시 10가지

Part 2

심리 한 스푼, 세일즈 한 단계 UP!

94   세일즈에서 심리가 미치는 효과

98   인간의 기본 심리와 세일즈의 관계

106   구매 결정 과정의 단계별 심리적 요인

111   첫인상의 절대적 중요성

118   신뢰 형성의 심리적 요인

125   장기적인 관계 구축을 위한 전략

130   설득의 6대 원리 (로버트 치알디니의 원리)

136   감정적 연결과 논리적 설득의 균형

143   스토리텔링은 이렇게!

151   잘못된 스토리텔링의 예시와 그로 인한 결과

157   다양한 고객 유형과 그들의 심리적 특성

165   고객의 거절과 거부감 이해하기

173   심리적 저항을 극복하는 기술

180   긍정적인 반응을 이끌어 내는 대화 기법

187   가격 민감도와 심리적 가격 책정

195   후광 효과의 정의와 세일즈에서의 활용

마무리하며

Part 1

전략적인 한마디로
승부를 결정하라!

고객을 사로잡는 비밀

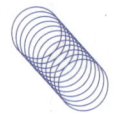

영업은 단순한 직업이 아니라, 생존을 건 치열한 전투다. 시장이라는 전쟁터에서 살아남기 위해서는 누구보다 공격적이고 전략적인 자세가 필수다. 이 글은 영업이라는 전장에서 당신이 어떻게 적을 제압하고, 승리를 쟁취할 수 있는지에 대한 무자비한 전략을 제공한다.

전장의 규칙을 익혀라: 시장 이해하기

전쟁이 시작되었다. 영업의 세계에서 생존하려면, 시장이라는 전장의 규칙을 통달해야 한다. 이는 단순히 룰을 아는 것을 넘어, 전장의 모든 요소를 당신의 무기로 활용할 수 있어야 함을 의미한다. 각 단계를 심층적으로 탐구하여 전투적인 관점에서 시장을 파악하는 방법을 탐구해 보자.

전장 파악: 시장 동향 분석

전쟁터에 발을 들여놓기 전, 적과 적의 지형을 정확히 파악하는 것이 첫 번째 임무다. 시장 동향을 분석하는 것은 적의 움직임을 예측하고, 그들의 약점을 찾아 공격하는 것과 동일하다. 경쟁사의 전략을 분석하고, 시장의 변화를 예측하라. 소비자의 행동과 기대를 정교하게 분석하여, 당신의 전략에 어떻게 적용할지를 결정하라. 이 정보는 당신의 전략적 무기고를 풍부하게 할 것이다.

적의 약점 포착: 경쟁자 분석

전장에서 승리하려면 적을 알고, 적의 약점을 파악하는 것이 필수다. 경쟁사가 어떤 제품을 판매하고 있는지, 그들의 마케팅 전략은 무엇인지 철저히 분석하라. 이를 통해 그들의 취약점을 찾고, 당신의 공격 포인트를 설정할 수 있다. 또한, 경쟁자의 성공 사례를 분석하여 그들의 강점을 이해하고, 이를 당신의 전략에 흡수하라. 적의 무기를 당신의 것으로 만드는 것이야말로 진정한 전략가의 길이다.

전략적 위치 선정: 타겟 시장의 정의

시장 내에서 당신의 위치를 확고히 하는 것이 중요하다. 타겟 시장을 정확히 정의하고, 그 시장 내에서 당신이 어떤 위치를 차지할 것인지를 결정하라. 이는 전쟁터에서의 요새를 세우는 것과 같다. 가장 유리한 위치를 선점하고, 그곳에서 당신의 상품이나 서비스가 최대의 효과를 발휘하도록 하라. 타겟 시장을 선정할 때는 고객의 필요와 욕구를 최우선으로 고려하고, 시장의 틈새를 공략하는 전략을 펼쳐라.

정보의 활용: 시장 정보를 무기로

전쟁에서 정보는 가장 강력한 무기 중 하나다. 시장 조사와 고객 데이터를 통해 수집한 정보를 활용하여, 당신의 판매 전략을 조정하고 최적화하라. 고객의 행동 패턴, 구매 결정 요인, 그리고 시장의 최신 트렌드를 정밀하게 분석하라. 이 정보를 기반으로 고객 맞춤형 접근 전략을 개발하고, 실제 판매 전략에 적용하라.

전술적 유연성: 전략의 지속적 조정

시장은 끊임없이 변한다. 그렇기 때문에 당신의 전략도 유동적이어야 한다. 전술적 유연성을 가져라. 시장의 변화에 따라 당신의 전략을 즉시 조정할 수 있어야 한다. 실패를 두려워하지 말고, 필요한 경우 전략을 전면 재검토하라. 실패는 단순히 또 다른 학습의 기회다. 실패에서 교훈을 얻고, 그 경험을 당신의 전략적 이점으로 전환하라. 이 모든 과정을 통해, 당신은 시장이라는 전장에서 두려움 없는 전사가 될 수 있다. 시장을 깊이 이해하고, 그 지식을 당신의 전략에 적극적으로 통합하라. 전투는 이미 시작되었다. 지금이 바로 당신이 전략을 세우고, 전장을 지배할 때다.

전투 기술을 갈고닦아라: 멘트와 프레젠테이션

전투에 있어 무기만큼 중요한 것이 바로 전투 기술이다. 영업전선에서의 멘트와 프레젠테이션은 당신의 전략을 실행에 옮기는 핵심 무기이다. 이 두 기술을 갈고닦는 것은 마치 칼날을 날카롭게 벼리는 것과 같다. 고객의 마음을 사로잡고, 시장을 정복하는 데 필요한 공격적이고 전투적인 기술을 아래와 같이 개발하고 향상시켜 나가자.

무기 검: 멘트의 중요성 이해하기

멘트는 당신의 첫 번째 공격 무기다. 고객과의 첫 대면에서 멘트는 당신이 그들의 신뢰를 얻고, 관심을 끌 수 있는 결정적인 요소다. 이를 간과하는 것은 전장에서 적을 만나러 갔는데 무기를 두고 온 것과 마찬가지다. 멘트를 단순히 대화로 생각하지 말고, 전략적으로 설계된 공격 수단으로 인식하라. 각 단어는 적의 방어를 뚫고, 당신의 메시지를 전달하는 총알과 같다.

칼날 가는 법: 멘트 기술 향상 전략

공격적 명료성

멘트는 명료하고 간결해야 한다. 복잡하거나 모호한 표현은 고객을 혼란스럽게 만들고, 기회를 날릴 수 있다. 당신의 말은 직접적이고, 목표에 부합해야 한다.

적응과 반응

고객의 반응을 지켜보고, 그에 맞게 멘트를 조정하는 유연성을 가져라. 전투에서 상황에 따라 전략을 바꾸는 것처럼, 멘트도 상황에 맞게 수정해야 한다.

정서의 이용

감정은 강력한 동기 부여 요소다. 고객의 감정을 자극하는 멘트로 관심을 유발하고, 긍정적인 반응을 이끌어 내라. 이는 고객과의 감정적 연결을 통해 신뢰를 구축하고, 거래를 촉진시킨다.

전쟁의 서곡: 프레젠테이션 전략 개발

프레젠테이션은 전투에서의 전략적 공세와 같다. 멘트로 관심을 끌었다면, 프레젠테이션으로 그 관심을 실질적인 행동으로 전환시켜야 한다. 이는 단순히 정보 전달이 아니라, 전쟁터에서 적을 포위하고 압도하는 과정과 유사하다.

시각적 공격

프레젠테이션 자료는 시각적으로 강렬해야 한다. 복잡한 데이터나 개념도 단순하고 명확한 시각 자료로 표현하라. 고객의 이해를 돕고, 메시지가 강력하게 다가가도록 하라.

구조적 전략

프레젠테이션은 잘 구성된 전투 계획과 같아야 한다. 시작부터 결론까지, 각 단계는 명확한 목표를 가지고 연결되어야 한다. 이 구조 속에서 각 포인트가 전투의 다음 단계로 자연스럽게 이어지도록 설계하라.

종합적 공세

프레젠테이션의 마지막은 강력한 마무리가 필요하다. 핵심 메시지를 반복하고, 고객에게 행동을 촉구하는 강력한 호소로 마무리하라. 이는 마치 전투에서 결정적인 일격을 가하는 것과 같다.

이러한 멘트와 프레젠테이션 기술을 갈고닦음으로써, 당신은 영업 전선에서 누구도 넘볼 수 없는 전사가 될 것이다. 고객과의 매 순간을 전투로 생각하고, 이기기 위한 준비를 철저히 하라. 전투는 이미 시작됐다. 이제 당신의 차례다.

공격은 최선의 방어다: 적극적인 판매 전략

전장에서 생존하고 승리하기 위해서는 방어보다는 공격이 핵심이다. 판매의 세계에서도 이 원칙은 변함없이 적용된다. 적극적인 판매 전략은 단순히 상품을 파는 행위를 넘어서, 시장을 지배하고 경쟁자를 압도하는 전술적 움직임이다. 이는 고객의 마음을 사로잡고, 시장의 흐름을 주도하는 과정에서 중요한 역할을 한다. 지금부터 적극적인 판매 전략을 통해 어떻게 시장을 장악하고, 적들을 물리칠 수 있는지 전략을 세워보자.

전투 준비: 시장 분석

모든 전투는 철저한 준비로부터 시작된다. 시장을 분석하고, 고객의 필요와 욕구를 파악하는 것이 첫걸음이다. 이 정보는 당신의 무기고를 채우는 탄약과 같으며, 고객의 마음을 정확히 겨냥할 수 있는 데이터를 제공한다. 경쟁자의 동향을 분석하고, 그들의 약점을 찾아라. 이는 전투에서 당신의 공격 목표를 설정하는 데 결정적인 역할을 한다.

전략적 공세: 목표 설정

적극적인 판매 전략을 실행하기 위해서는 명확한 목표가 필요하다. 이 목표들은 당신의 전략적 공격 계획의 기반을 이루며, 각 고객 세그먼트에 맞춰 최적화되어야 한다. 고객별 맞춤 전략을 수립하고, 각 고객의 특성과 필요에 따라 접근 방식을 조정하라. 이는 마치 전장에서 적의 약점을 파고들어 공격하는 것과 같다.

공격 실행: 적극적 판매 기술

전면 공격

고객에게 접근할 때는 주저하지 말고 적극적으로 나서라. 이는 공격적인 판매 태도로, 고객의 관심을 즉시 끌고, 그들의 결정을 촉진시킬 수 있다.

심리적 조작

판매는 심리전이다. 고객의 구매 결정 과정에 영향을 미칠 수 있는 감정적인 요소를 활용하라. 두려움, 기쁨, 긴급함과 같은 감정을 자극하여, 고객이 구매를 결정하도록 유도하라.

연속 공격

한 번의 접촉으로 끝나지 않도록 하라. 지속적인 관심과 연락을 통해 고객과의 관계를 강화하고, 장기적인 거래로 이어지게 하라. 이는 마치 전투에서 계속된 압박을 통해 적을 지치게 만드는 전략과 같다.

마무리 공세: 거래 성사

판매의 최종 단계는 강력한 마무리다. 모든 준비와 공격이 이 단계를 통해 결실을 맺는다. 고객에게 구매의 이점을 분명히 하고, 거래를 성사시키기 위한 마지막 푸시를 강하게 밀어붙여라. 이는 마치 전투에서 최종 승리를 위한 결정적인 일격을 가하는 것과 같다.

적극적인 판매 전략을 통해, 당신은 단순한 판매자가 아니라 시장을 지배하는 전략가가 될 것이다. 전투의 승리는 단지 적을 물리치는 것이 아니라, 전장을 지배하는 것이다. 판매 전장에서의 당신의 승리를 위해, 지금 바로 공격적인 전략을 실행에 옮겨라.

피할 수 없는 전투: 갈등과의 싸움

전장에서의 성공은 단순히 적을 무찌르는 것에서 끝나지 않는다. 영업인의 진정한 시험은 갈등의 불길 속에서 어떻게 자신을 지키고, 어떻게 상황을 주도해 나가는가에 있다. 판매의 세계는 끊임없이 도전을 던지며, 각각의 갈등 상황은 전투 기술을 시험하는 시련의 장이다. 이제 갈등과의 전투에 대비하여 자신의 내면의 전사를 깨워 싸울 준비를 하자.

갈등의 전장을 알아라: 갈등의 원인 분석

갈등은 다양한 형태로 나타난다. 고객과의 불화, 내부 팀 간의 의견 충돌, 경쟁사와의 경쟁 등, 각각의 전투 상황은 독특한 전략을 요구한다. 첫 번째 단계는 갈등의 근원을 정확히 파악하는 것이다. 이는 적의 약점을 파악하고, 공격할 지점을 찾는 것과 같다. 갈등의 원인을 이해하면, 그에 맞는 전술을 개발할 수 있다.

전략적 대응: 갈등 해결 전략

전면 대응

때로는 갈등을 회피하지 않고 정면으로 맞서 싸우는 것이 최선이다. 이는 공격적 태도로 접근하여 갈등을 해결하는 방식이며, 단호한 입장과 강력한 주장으로 상대방을 압도한다.

심리전 동원

갈등 상황에서는 심리적 우위를 점하는 것이 중요하다. 상대의 심리를 읽고, 그들의 두려움과 욕구를 이해하라. 이를 통해 상대방의 행동을 유도하고, 갈등을 유리하게 끌어가는 방법을 찾아라.

연속 공격

갈등을 해결하는 과정에서 일관된 압박을 유지하라. 문제가 해결될 때까지 지속적으로 대화를 시도하고, 해결책을 모색하라. 이는 갈등을 지속적으로 관리하며 점진적으로 해결해 나가는 과정이다.

전투의 기술: 협상과 설득

갈등 해결의 핵심은 탁월한 협상 기술과 설득력에 있다. 각각의 갈등 상황에서 최적의 결과를 이끌어 내기 위해 다음과 같은 전술을 사용하라.

힘의 균형

강력한 주장과 유연한 태도의 균형을 유지하라. 이는 상대방에게 당신의 주장에 귀 기울이게 하면서도, 필요한 경우 타협점을 찾을 수 있는 여지를 남기는 전략이다.

적극적인 듣기

갈등을 해결하는 데 있어서 상대방의 말을 주의 깊게 듣는 것은 매우 중요하다. 이를 통해 상대방의 진짜 문제와 욕구를 파악하고, 이에 맞는 해결책을 제시할 수 있다.

결정적 일격

해결책을 제시할 때는 확신에 찬 태도로 접근하라. 강력하고 명확한 해결 방안을 제시함으로써 갈등을 깔끔하게 종결지을 수 있다.

갈등과의 전투에서 승리하는 것은 단순히 문제를 해결하는 것을 넘어서, 더 강한 판매자로 성장하는 기회다. 각각의 갈등은 당신의 전투 기술을 갈고닦는 시련이며, 이를 통해 얻은 경험은 미래의 전투에서 당신을 더욱 단단하고 강력하게 만들어 줄 것이다. 지금 바로 갈등과의 전투에 맞서 싸워라, 그리고 판매의 전장에서 당신의 용맹을 증명하라.

전투 후 회복과 재정비: 후속 조치와 고객 관리

전투의 먼지가 가라앉은 후, 진정한 영웅은 전투를 끝낸 것이 아니라 새로운 전투를 준비한다. 판매의 전장에서 승리의 여운을 즐기는 것도 중요하지만, 그 승리가 무의미하지 않도록 만드는 것은 더욱 중요하다. 이제 당신의 무기를 재정비하고, 전략을 개선하여 더 강력한 고객 관계를 구축하라.

승리의 확신: 고객의 확신을 강화하라

승리한 후에는 고객을 다시 한번 확신시켜라. 당신의 제품이나 서비스가 그들의 문제를 해결했음을 상기시켜라. 이는 고객과의 지속적인 관계를 유지하는 데 필수적인 요소다. 승리의 메시지를 강력하게 전달하며, 고객이 당신을 선택한 것에 대한 믿음을 강화하라.

승리의 통보
각 고객에게 개별적으로 접근하여 그들이 얻은 이득을 강조하라. 이는 전화, 이메일 또는 직접 만나서 진행할 수 있다.

성과 공유
성공 사례를 공유하여 고객에게 당신의 제품이나 서비스가 어떻게 시장에서 승리했는지 보여주라. 이는 고객의 신뢰를 증가시키고, 그들의 지속적인 지지를 유도한다.

재정비: 당신의 전략을 다시 강화하라

전투에서 승리한 후에는 장비를 점검하고 전략을 재조정하는 것이 필수적이다. 이는 다음 전투에 더욱 효과적으로 대비하기 위함이다.

전술의 점검
당신의 판매 전략을 분석하고, 어떤 점이 잘 작동했는지, 어떤 점이 개선될 필요가 있는지를 평가하라.

지속적인 훈련
판매 기술과 제품 지식을 계속해서 갈고닦아라. 시장은 계속 변하고, 당신도 그 변화에 맞추어 계속 발전해야 한다.

전투의 후유증: 문제가 발생하면 즉시 대응하라

전투에서 모든 것이 완벽하게 진행된다는 보장은 없다. 문제가 발생하면, 그 문제를 신속하게 해결하는 것이 중요하다. 이는 당신의 신뢰성을 증명하는 기회다.

빠른 대응
고객의 불만 사항이나 문제를 즉시 해결하라. 이는 고객의 신뢰를 잃지 않기 위해 필수적이다.

적극적인 해결책 제공
문제를 해결하는 과정에서 고객에게 당신의 적극적인 태도를 보여주라. 이는 고객의 불만을 줄이고, 미래의 비즈니스 기회를 유지하는 데 도움이 된다.

한마디의 파괴력,
당신의 영업을 완성하다

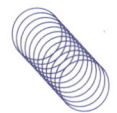

전투에서 승리를 결정짓는 것은 대포나 총알만이 아니다. 때로는 말 한마디가 적의 방어를 무너뜨리고, 전장의 균형을 기울게 할 수 있다. 영업의 전장에서도 이 원칙은 그대로 적용된다. 말 한마디가 고객의 마음을 사로잡을 수도, 완전히 돌아서게 할 수도 있다. 이제 당신의 언어를 무기로 삼아, 매 순간을 전략적으로 공격하는 법을 배워보자.

말의 선택: 적의 심장을 노려라

전투에서 정확한 타격은 적의 생명선을 끊는다. 영업에서의 당신의 말도 마찬가지다. 고객의 필요와 감정의 핵심을 정확히 파악하고, 그것을 타격하는 말을 선택해야 한다. 각 단어는 고객의 심리적 방어막을 뚫는 총알이 되어야 한다.

적을 파악하라

고객의 배경, 요구, 불안과 열망을 철저히 연구하라. 이 정보는 고객의 약점과 강점을 알려주며, 어떤 말이 가장 효과적일지 결정하는 데 필수적이다.

정밀타격

각 고객에게 맞춤화된 말을 사용하라. 보편적인 스크립트는 버려라. 개별 고객에게 맞는, 감정적으로 울림 있는 말을 찾아라.

말의 타이밍: 공격의 최적 시기를 노려라

전투에서 타이밍은 모든 것을 결정한다. 너무 일찍 공격하면 준비가 덜 된 상태에서 맞닥뜨리게 되고, 너무 늦으면 기회를 잃는다. 당신의 말도 마찬가지다. 말 한마디의 타이밍이 고객의 결정을 바꿀 수 있다.

공격 전 준비

고객과의 모든 접촉에서 정보를 수집하고, 그들의 상황과 기분을 파악하라. 이는 당신의 말이 최대한의 효과를 낼 수 있도록 준비하는 과정이다.

기습 공격

고객이 가장 예상하지 못한 순간에 효과적인 메시지를 전달하라. 이는 감정적 반응을 유발하고, 기억에 남는 효과를 만든다.

말의 무게: 각 단어의 파괴력을 측정하라

각 단어는 무게를 지니며, 그 무게가 말의 파괴력을 결정한다. 올바른 단어 선택은 고객의 마음에 깊은 인상을 남길 수 있다. 당신의 말이 어떤 무게를 지니는지 항상 고려하라.

강력한 어휘 선택

강렬하고, 감정적인 울림이 있는 단어를 선택하라. 이 단어들은 고객의 마음에 직접적으로 작용하여 강한 인상을 남긴다.

부정적인 단어 피하기

부정적이거나 공격적인 단어는 피하라. 이는 고객을 밀어내고 방어적으로 만들 수 있다. 대신, 긍정적이고 지지적인 언어를 사용하여 고객을 당신의 편으로 만들어라.

반복의 힘: 말의 확신을 강화하라

승리를 확신하기 위해선 한 번의 공격으로는 부족하다. 반복적으로 강조하는 것은 당신의 메시지를 강화하고, 고객의 마음속에 깊게 새겨 넣는다. 당신의 핵심 메시지를 반복함으로써, 고객이 그 메시지를 내면화하도록 만들어라.

핵심 메시지의 반복
중요한 포인트를 여러 차례 강조하라. 이는 메시지를 강화하고 고객이 그 메시지를 기억하도록 돕는다.

강조 기법 사용
목소리의 톤, 속도, 강조를 조절하여 메시지에 힘을 실어라. 이는 말의 효과를 극대화한다.

말 한마디의 파괴력을 올바르게 이해하고 활용하라. 이것이 바로 당신이 영업의 전장에서 누구도 넘볼 수 없는 전사가 되는 길이다. 당신의 말이 적의 방어를 무너뜨리고, 승리를 가져오는 결정적인 무기가 되게 하라.

전쟁터에서 승리하는 병사는 단순히 무기를 잘 다루는 자가 아니다. 그는 언어라는 무기를 사용해 적의 마음을 흔들고, 전투의 흐름을 바꾼다. 영업도 전장이다. 여기서의 무기는 당신의 언어, 고객의 마음을 흔드는 말이다. 당신이 어떻게 말하는지가 바로 고객을 사로잡을 수 있는 결정적인 요소다. 전투의 첫 충돌은 결정적이다. 고객과의 첫 대면에서 당신의 말은 강렬하고 명확해야 한다. 당신의 말은 고객의 방어를 무너뜨리고, 그들이 당신의 말에 귀를 기울이도록 만들어야 한다. 전쟁터에서의 승리는 단순히 물리적인 힘으로만 이루어지지 않는다. 말 한마디로 전장의 흐름을 바꾸고, 적을 제압할 수 있다. 영업에서도 마찬가지다. 당신의 말이 고객의 마음을 흔들고, 결정적인 순간에 승리를 가져오는 결정적인 무기가 되어야 한다.

고객의 마음을 흔드는 주문
- 사람을 사로잡는 말하기 기술의 예시

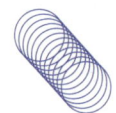

영업의 전장에서 말 한마디는 적의 심장을 관통하는 총알과 같다. 각 단어는 명중해야 하며, 고객의 방어를 무너뜨리고 그들의 마음을 완전히 장악해야 한다. 당신이 사용할 언어의 무기는 결코 실패하지 않으며, 고객을 사로잡는 기술은 전략적이고 치명적이어야 한다. 이제 공격적이고 전투적인 말하기 기술의 예시를 통해 당신이 어떻게 고객을 정복할 수 있는지 보여주자.

예시 1: 강력한 오프닝으로 고객의 주의를 집중시키다

당신은 대형 회의실에 들어서며 이렇게 말한다: "여러분, 오늘 제가 여러분에게 제안할 것은 단순한 제품이 아닙니다. 이것은 여러분의 비즈니스를 혁신할 무기입니다. 지금부터 제가 보여줄 기술은 여러분의 시장을 지배할 수 있는 유일한 길임을 보증합니다."

예시 2: 심리적 조작을 이용하여 고객의 감정을 움직이다

제품 설명 도중, 당신은 이렇게 강조한다: "이 기술을 도입한 모든 기업은 시장에서 독보적인 위치를 확보했습니다. 경쟁사가 이 기술을 먼저 손에 넣는다면? 상상해 보세요. 여러분의 시장 점유율은 급격히 추락할 것입니다. 결국, 이 기술은 단순한 선택이 아니라 생존의 문제입니다."

예시 3: 공격적 질문으로 고객의 필요와 문제를 파고들다

고객과의 대화에서 당신은 이렇게 질문을 던진다: "지금까지 여러분의 해결책이 효과가 있었나요? 정말로 여러분의 필요를 완벽히 충족시키고 있습니까? 아니라면, 왜 계속 같은 실수를 반복하고 있는 건가요? 제가 제안하는 솔루션은 그 문제를 근본적으로 해결할 수 있습니다."

예시 4: 필살기를 사용하여 결정적인 순간에 고객을 설득하다

제안을 마무리하며 당신은 이렇게 강조한다: "이 기회를 놓친다면, 다음 기회는 언제 올지 모릅니다. 시장은 기다려 주지 않습니다. 지금 바로 결정을 내리세요. 과감한 결정이 오늘 여러분을 새로운 높이로 이끌 수 있습니다. 행동으로 옮기지 않으면, 경쟁자가 여러분을 앞질러 나갈 것입니다."

이 예시들은 고객의 마음을 흔들고, 그들의 결정을 촉진하는 데 필요한 공격적이고 전투적인 말하기 기술을 보여준다. 각 단어는 전략적으로 선택되어 강력한 영향을 미치며, 당신의 목표는 단호하게 고객을 당신의 편으로 만드는 것이어야 한다. 이러한 기술은 당신이 영업 전장에서 승리를 거두는 데 결정적인 역할을 할 것이다.

거절을 두려워 말라

– 당신의 '아니오'를 '예스'로 바꾸는 방법

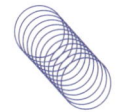

거절은 전장에서의 불가피한 총알비와 같다. 그러나 진정한 영업 전사는 이를 피하는 법을 알고, 심지어 그것을 자신의 무기로 활용하는 법을 안다. 거절을 받을 때, 그것은 끝이 아니라 새로운 시작이다. 이제 거절을 '예스'로 전환하는 공격적이고 전투적인 방법을 마스터하는 방법을 배워보자.

단계 1: 전장의 상황을 인식하라

거절의 순간은 적의 위치를 파악할 수 있는 절호의 기회다. 고객이 '아니오'라고 할 때, 그것은 단순히 거절이 아니라 그들의 필요와 우려가 무엇인지를 보여주는 신호라고 생각하자. 이를 분석하고 이해함으로써, 당신은 다시 공격할 수 있는 전략을 세울 수 있다.

"고객님, 제안을 거절하시는 특별한 이유가 있으신가요? 제가 놓친 부분이 있다면 정확히 말씀해 주세요, 제가 해결책을 찾는 데 도움이 될 것입니다."

단계 2: 공격의 강도를 높여라

거절은 당신의 공격을 강화할 신호다. 고객의 거절 이유를 정확히 알게 되면, 그에 맞춤 된 해결책을 제시하며 강력하게 재공격해야 한다. 이는 단순한 반응이 아니라, 고객의 문제를 해결할 준비가 되었다는 당신의 결의를 보여주는 행동이다.

"이해합니다. 하지만 제가 제안드린 솔루션이 바로 이 문제를 해결할 열쇠입니다. 지금 바로 실행에 옮긴다면, 당신은 이런 문제를 더 이상 걱정하지 않아도 됩니다."

단계 3: 심리전을 활용하라

심리적 압박은 거절을 무너뜨리는 데 효과적인 도구다. 고객이 느끼는 불안과 긴장을 해소해 주며 동시에 당신의 제안이 그들에게 어떤 긍정적인 변화를 가져다줄 수 있는지를 강조해야 한다. 고객이 불확실성에 대해 공포를 느낄 때, 당신의 확신 있는 태도가 그들을 이끌 수 있다.

"저는 여러분이 현재 직면한 도전을 이해하고 있으며, 제 제안이 실제로 어떻게 문제를 해결할 수 있는지 보여드리겠습니다. 이 기회를 잡아 변화를 경험하세요. 고민보다는 행동이 필요할 때입니다."

단계 4: 최종 공격을 가하라

모든 준비가 끝났다면, 이제 최종 공격을 통해 거절을 완전히 무너뜨려야 한다. 이 단계에서는 고객의 감정에 호소하며, 당신의 제안이 가져다줄 긍정적인 결과를 강조하며 감정적인 결정을 유도해 보자.

"생각해 보세요. 이 결정이 여러분의 비즈니스에 어떤 긍정적인 변화를 가져올지를. 지금이 바로 그 변화를 위한 결정적인 순간입니다. 저는 여러분과 함께 이 길을 걸을 준비가 되어 있습니다."

이렇게 거절을 두려워하지 않고 공격적으로 대응함으로써, 당신은 '아니오'를 '예스'로 바꿀 수 있다. 전투적인 언어와 전략을 사용하여 고객의 마음을 움직이고, 결국 승리를 거머쥘 수 있을 것이다. 이 전술을 통해 영업의 전장에서 누구도 당신을 막을 수 없다.

당신의 '아니오'를
'예스'로 바꾸는 방법의 예시

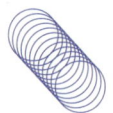

거절은 영업의 전장에서 마주치는 불가피한 장애물이다. 이 장애물을 뛰어넘는 법을 배우는 것은 영업 전사로서의 당신의 필수 능력이다. 여기 몇 가지 실제 예시를 통해 거절을 극복하고 승리를 쟁취하는 전술을 소개해 보고자 한다.

예시 1: 제품 가격에 대한 거절

고객: "이 제품은 너무 비싸요. 저렴한 다른 옵션을 찾아볼 거 같아요."

세일즈맨: "가격에 대한 우려는 충분히 이해합니다. 하지만 잠시만 생각해 보시죠. 저희 제품은 초기 투자는 높지만 장기적으

로 봤을 때 큰 이익을 가져다드릴 것입니다. 저가 제품을 사용할 때 겪게 될 수 있는 문제들을 생각해 보세요. 자주 고장 나고 유지보수 비용이 더 들어가 결국 더 많은 비용을 지출하게 됩니다. 저희 제품을 선택하신다면 이러한 걱정에서 벗어날 수 있습니다. 지금 조금 더 투자하셔서 장기적인 안정성과 비용 절감을 경험해 보시는 건 어떠세요?"

예시 2: 제품의 기능에 대한 거절

고객: "이 기능은 제게 필요 없어 보여요. 더 간단한 것을 찾고 있었어요."

세일즈맨: "이 기능이 처음에는 불필요하게 보일 수 있지만, 사실은 미래 지향적인 투자입니다. 시장은 계속 변하고 있고, 오늘은 필요 없어 보이는 기능이 내일은 필수가 될 수 있습니다. 저희 제품으로 선택하신다면, 미래를 대비할 수 있고, 다가오는 시장의 변화에 능동적으로 대응할 수 있습니다. 지금의 선택이 나중에 큰 이득으로 돌아올 것입니다. 혁신을 두려워 말고, 미래를 준비하는 당신의 결정을 믿어보세요."

예시 3: 시장의 경쟁 제품에 대한 거절

고객: "근데 이거랑 비슷한 제품을 경쟁사에서 더 싸게 팔던데요?"

세일즈맨: "경쟁사의 제품이 저렴할 수 있습니다. 하지만 '저렴'은 종종 '비용 절감을 위한 품질 저하'를 의미합니다. 저희 제품은 품질 면에서 시장에서 검증받은 최고 수준입니다. 초기 비용은 조금 더 들 수 있지만, 품질과 내구성을 고려했을 때 장기적으로 더 경제적입니다. 실제로 사용해 보신 많은 고객들이 그 차이를 느끼고 다시 저희 제품을 선택하셨습니다. 진정한 가치와 품질을 경험해 보실 준비가 되셨나요?"

이 예시들은 거절에 직면했을 때, 그것을 단순한 종료 신호로 받아들이지 않고, 오히려 고객의 필요와 우려를 깊이 이해하고 그에 맞는 해결책을 제시하여 '아니오'를 '예스'로 전환하는 방법을 보여준다. 공격적이고 전투적인 접근은 단순히 강요가 아니라, 문제의 본질을 꿰뚫어 보고, 고객의 진정한 필요를 충족시키는 데 집중하게 된다.

현장의 불길 속에서
다져진 전술

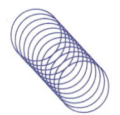

현장에서의 성공은 치열한 전투에서 살아남은 전사들에게서 배울 수 있는 전술에 의해 좌우된다. 이 전장에서의 생존법은 단순한 말재주가 아니라, 적을 제압하고 승리를 쟁취하는 데 필요한 전략적 대화 기술을 의미한다. 여기서는 실전에서 터득한 화두의 비밀을 알아가 보도록 하자.

전략 1: 화두 설정 – 전투의 첫 번째 승리

영업 현장은 전쟁터와 같다. 여기서의 첫 번째 공격은 바로 화두를 설정하는 것이다. 화두는 고객의 관심을 끌고 그들의 방어막을 무너뜨리는 첫 총알이 되어야 한다. 전투에서의 첫발은 결코 가볍지 않다. 예를 들어, "지금 이 순간, 시장에서 가장 혁신적인 제품을 앞에 두고 계신다는 사실에 대해 어떻게 생각하시나요?" 이 질문은 단순히 제품을 소개하는 것이 아니라, 고객의 호기심을 자극하고 대화의 문을 활짝 열게 만든다.

전략 2: 대화의 불길을 지피는 질문들

전투에서는 적을 압도하는 것이 중요하다. 대화를 주도하기 위해서는 강력하고, 공격적인 질문들로 고객을 코너로 몰아넣어야 한다. "과거에 사용하던 제품들로 인해 경험하신 문제점들은 어떻게 해결하셨나요?" 이 질문은 고객이 과거의 불편함을 회상하게 만들며, 제품의 필요성을 자연스럽게 인식시키는 동시에 심리적 우위를 점하는 전략이다.

전략 3: 감정의 촉발 – 전투의 감정적 연료

영업은 감정의 예술이다. 고객의 감정을 자극하는 것이 바로 전투에서의 승리를 결정지을 수 있다. "지금 결정을 내리지 않으면 미래에 또다시 같은 문제를 마주하게 될 것입니다. 정말 그런 상황을 원하시나요?" 이러한 강력한 발언은 고객의 두려움과 욕구를 자극하여 긍정적인 의사결정으로 이끌어 낼 수 있다.

전략 4: 화두의 확장 – 전투의 영역 확대

한번 화두가 성공적으로 설정되면, 그 주제를 확장하여 더 넓은 영역으로 고객을 이끌어야 한다. 이는 고객의 생각을 제품이나 서비스에 완전히 몰입시키는 전술이다. 예를 들어, "이 제품을 사용함으로써 얻을 수 있는 최대의 이익은 무엇이라고 생각하시나요?" 이 질문은 고객으로 하여금 제품의 장점을 스스로 발견하게 만들며, 그 과정에서 판매자와의 관계를 더욱 강화시킨다.

전략 5: 종결의 화살 – 거래의 마무리

마지막으로, 화두를 설정하고 대화를 주도했다면, 결정적인 일격을 가해야 한다. "지금 바로 결정을 내리시면 특별한 조건을 제공해 드릴 수 있습니다. 이 기회를 놓치지 않으시길 바랍니다." 이 말은 고객에게 즉각적인 행동을 촉구하며, 거래를 성공적으로 마무리 짓는다.

이러한 전략들은 실제 영업 현장에서 강력한 무기가 될 것이다. 고객의 마음을 사로잡고, 거절을 승리로 바꾸는 이 전술들을 잘 익히고, 매 순간 최전선에서 당신의 능력을 발휘하길 바란다. 전투는 결코 쉽지 않지만, 준비된 전사는 항상 승리의 기회를 잡을 수 있다.

실전! 영업 현장에서 통하는
승리의 멘트들

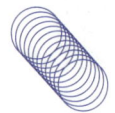

　영업의 세계에서 말 한마디는 검이다. 이 검으로 상대의 마음을 찌르고, 시장의 전투를 지배하라. 여기서는 영업 현장에서 검증된, 승리를 보장하는 전투적 멘트들을 공격적인 언어로 풀어 설명하고자 한다. 이 멘트들은 고객의 마음을 사로잡고, 판매 전선에서 당신을 승리로 이끌 총알과 같은 역할을 해줄 것이다.

멘트 1: 첫 만남의 선제공격 – 호기심 자극하기

　전장에 첫발을 디딜 때, 그 순간의 첫 공격이 전투의 향방을 결정짓는다. 마찬가지로, 영업에서 첫 만남은 당신의 무기를 시험하는 기회다.

첫인상의 폭발

당신이 방에 들어설 때, 모든 시선이 당신에게 쏠려야 한다. 당신의 모습, 당신의 에너지, 당신의 자신감이 첫 번째 폭탄이 되어야 한다. 첫 멘트는 바로 그 폭탄을 터트리는 도화선이다.

"오늘 여러분에게 제가 가져온 것은 단순한 제품이나 서비스가 아닙니다. 이것은 바로 여러분의 비즈니스, 아니 여러분의 삶을 변화시킬 무기입니다. 지금부터 제가 여러분에게 보여줄 것에 주목해 주세요. 준비되셨나요? 여러분의 기대 이상을 보여드리겠습니다."

이 멘트는 단순히 상품을 소개하는 것을 넘어서, 듣는 이로 하여금 '이 사람의 말을 놓칠 수 없다.'는 강렬한 인상을 심어준다.

호기심의 불길 조장

상대의 마음에 불을 지필 때, 소극적인 접근은 통하지 않는다. 당신의 말은 화염방사기처럼 강력해야 한다. 고객의 마음에 호기심의 불길을 지피는 것이다.

"이 시장에서 이러한 기회를 마주치는 것은 흔치 않습니다. 제가 여러분에게 보여줄 기술은 최첨단이며, 이는 여러분이 직면한 문제를 근본적으로 해결할 열쇠입니다. 과연 어떻게 이 기술이 여러분의 일상을 바꿀 수 있는지, 직접 보여드리겠습니다."

이 멘트는 고객이 자신도 모르는 사이에 문제의 해결책에 대한 답을 찾고 싶어 하게 만든다. 그들은 당신이 무엇을 말할지, 무엇을 보여줄지 알고 싶어 안달이 날 것이다.

지속적인 공세로 호기심 유지

첫 폭발이 일어났다면, 계속해서 고객의 관심을 유지해야 한다. 매 순간마다 그들의 호기심을 자극하는 것은 전투에서 적을 계속 압박하는 것과 같다.

"보시는 이 기술이 여러분의 현재 상황을 어떻게 변화시킬 수 있는지 생각해 보셨나요? 이제 여러분이 어떤 결정을 내리시는지가 중요합니다. 저는 여러분과 함께 이 문제를 해결하고 싶습니다. 제가 제안드린 솔루션과 함께라면 우리는 이 시장에서 누구도 대적할 수 없습니다."

이 멘트는 고객이 당신과 함께 문제를 해결하고 싶다는 욕구를 불러일으키며, 그들이 당신의 제안을 받아들이도록 강력하게 유도한다.

전투의 마무리

이렇게 강력한 첫 멘트는 고객의 호기심을 자극하고, 그들이 당신의 말을 끝까지 듣도록 만든다. 영업은 전투다. 당신의 말 한마디 한마디는 총알이 되어야 하며, 첫 만남의 선제공격은 결코 경솔하게 다룰 수 없는 전략적인 무기다. 이 전술을 잘 활용한다면, 당신은 영업의 전장에서 누구도 당신을 막을 수 없을 것이다. 매 순간을 공격의 기회로 삼아, 승리의 깃발을 자신감 있게 들어 올려라.

멘트 2: 문제 지적과 해결책 제시 – 적의 약점 찌르기

영업 전장에서 승리를 쟁취하는 가장 확실한 방법 중 하나는 적의 약점을 정확히 찌르는 것이다. 고객의 문제를 지적하고, 그 해결책을 제시하는 것은 마치 정밀 유도 미사일처럼 정확해야 한다.

적의 방어를 무너뜨려라
첫 대면에서 고객의 문제를 지적하는 것은 민감할 수 있다. 하지만 이것은 고객이 당신을 필요로 하게 만드는 결정적인 순간이다. 당신의 목표는 그들의 문제를 드러내고, 이를 해결할 수 있는 유일한 해결사가 바로 당신임을 확신시키는 것이다.

"저희가 진행한 시장 조사에 따르면, 현재 여러분의 비즈니스 모델은 시장 변화에 취약한 상태입니다. 이러한 취약점은 경쟁 업체들이 이용할 수 있는 완벽한 표적이 됩니다. 제가 여기에 있는 이유는 바로 그 문제를 해결하고, 여러분의 비즈니스를 불패의 요새로 변모시키는 것입니다."

이 멘트는 고객이 자신도 몰랐던 위험을 인식하게 만들며, 당신의 솔루션이 필수적임을 강조한다.

약점을 찔러라
고객의 문제를 드러낸 후, 그 문제에 대한 당신의 해결책을 제시할 때는 적극적이고 공격적인 접근이 필요하다. 당신의 해결책은 그들이 당면한 문제를 완벽하게 해결할 수 있는 치료제와

도 같아야 한다.

"현재 여러분의 시스템은 매출 증대를 위한 최신 기술을 통합하지 못하고 있습니다. 이는 장기적으로 봤을 때 사업 성장을 저해하는 큰 걸림돌입니다. 저희의 기술 솔루션은 이 문제를 뿌리에서 해결할 수 있습니다. 도입하면 즉각적인 성과를 경험할 것입니다. 말이 아닌 데이터로 보여드리겠습니다."

이 멘트는 고객의 문제를 구체적으로 지적하고, 당신의 제품이나 서비스가 왜 필수적인지를 명확하게 설명한다.

약점을 계속 공격

문제를 한 번 지적한 후에 멈추지 않고, 그 문제가 어떻게 고객의 전체 비즈니스에 영향을 미치는지를 계속 강조하는 것이 중요하다. 이는 고객이 문제의 심각성을 계속 인식하고, 해결을 통한 변화에 대한 욕구를 갖게 만든다.

"여러분이 현재 사용하는 방식은 시간이 갈수록 비효율적으로 될 것입니다. 이 문제를 방치하면 경쟁 업체에게 시장을 내어주는 것과 같습니다. 우리의 솔루션을 통해 여러분은 빠르게 변화하는 시장에 능동적으로 대응할 수 있게 될 것입니다. 이것은 단순한 개선이 아니라, 전황을 뒤집을 수 있는 전략적 승리라고 확신합니다."

전투의 승리 선언

적의 약점을 정확히 찌르는 이 방법은 고객에게 당신의 해결책이 필수 불가결함을 각인 시킨다. 문제를 정확히 지적하고, 그 해결책을 효과적으로 제시하는 것은 당신이 영업 전장에서 무적이 될 수 있게 하는 전략이다. 당신의 말 한마디 한마디는 적을 무너뜨리는 화살이 되어야 하며, 고객의 문제를 해결하는 당신의 솔루션은 그들에게는 구세주와 같아야 한다. 이 전략을 통해 당신은 단순한 판매자가 아니라, 고객의 성공을 이끄는 전략가로 거듭날 것이다.

멘트 3: 감정의 소용돌이 – 공감과 동정의 조율

영업의 전장에서 감정은 강력한 무기다. 고객의 감정에 공감하고 이를 조율하는 능력은 고객을 근본적으로 움직이게 만든다.

감정의 전장을 지배하라

영업인은 감정의 마술사가 되어야 한다. 고객의 감정을 읽고, 그들이 진정으로 원하는 것이 무엇인지를 파악하는 것은 전투에서 승리를 거두기 위한 필수적인 기술이다. 고객의 불안, 두려움, 희망, 꿈에 귀를 기울이고, 그들의 내면에 파고드는 것이 바로 당신의 임무다.

"저는 여러분이 지금 겪고 있는 스트레스를 완벽히 이해합니다. 시장의 불확실성, 경쟁의 압박…. 이 모든 것이 여러분을 압도하고 있죠. 제가 여기 있는 이유는 그 모든 불안을 덜어드리기 위함입니다."

이 멘트는 고객의 감정에 깊이 공감하면서, 당신이 그들의 감정적 부담을 이해하고 있음을 보여준다.

감정적 약점을 파고들어라

고객의 감정적 약점을 파악한 후, 그 약점을 이용하여 당신의 제품이나 서비스를 필수적인 것으로 포지셔닝해야 한다. 고객의 두려움을 안정시키고, 희망을 제시하는 것이 여기서의 전략이다.

"시장에서의 불안정성은 피할 수 없는 현실입니다. 하지만, 제가 제안하는 솔루션은 이 불안을 기회로 전환할 수 있습니다. 여러분이 가장 두려워하는 것을 제가 보호해 드릴 수 있습니다. 이제는 두려움을 넘어서, 함께 새로운 가능성을 향해 나아갈 때입니다."

이 멘트는 고객의 두려움을 직접적으로 언급하고, 당신의 솔루션이 그 두려움을 해결할 수 있는 방법임을 강조한다.

감정의 파도를 타라

고객의 감정을 한 번에 제어할 수는 없다. 지속적인 공감과 동정의 메시지로 고객의 신뢰를 얻고, 그들의 결정 과정에 깊이 관여해야 한다. 고객의 감정을 조율하는 것은 지속적인 과정이며, 이를 통해 당신은 궁극적인 신뢰와 충성도를 얻을 수 있다.

"여러분의 성공은 제가 가장 중요하게 생각하는 것입니다. 우리가 함께라면, 어떠한 시장의 도전도 극복할 수 있습니다. 제 솔루션을 도입해 보시면, 여러분의 비즈니스가 어떻게 변화하는지 직접 느낄 수 있을 것입니다. 이것은 단순한 제안이 아니라,

여러분의 미래를 위한 투자입니다."

감정의 전장을 정복하라

감정의 소용돌이를 잘 다루는 것은 고객을 깊이 이해하고, 그들의 필요와 욕구에 정확히 맞추는 데 필수적이다. 공감과 동정을 통해 고객과의 깊은 연결을 구축하고, 그들의 비즈니스와 삶에 긍정적인 변화를 가져다주는 것이야말로 진정한 영업의 승리다. 고객의 감정을 정복하고, 그들의 동맹으로 거듭나라. 당신의 말 한마디 한마디가 그들의 심장에 울려 퍼질 때, 비로소 당신은 그들의 무한한 신뢰와 충성을 얻게 될 것이다.

멘트 4: 최종 공세 – 결정을 재촉하는 치명적인 일격

영업의 전쟁터에서 결정적인 순간, 즉 고객이 결정을 내려야 할 때는 당신의 전략이 가장 강력하고 치명적이어야 한다.

결정의 순간을 조종하라

이 시점에서 영업인은 전투의 지휘관이 되어야 한다. 전투에서 승리하기 위해서는 적을 구석으로 몰아넣어야 하며, 영업에서의 '적'은 고객의 망설임이다. 당신은 그 망설임을 강력하게 공격하여, 고객이 당신의 제안을 받아들이도록 만들어야 한다.

"이제 결정의 순간입니다. 오늘 결정하시면, 내일부터 바로 이득을 보실 수 있습니다. 망설일 시간이 없습니다. 지금 바로 행동을 시작하십시오. 여러분의 경쟁자들은 이미 전장에 나서고 있습니다. 지금이 바로 기회입니다!"

이 멘트는 고객에게 긴급함을 느끼게 하고, 즉시 결정을 내리도록 강력하게 밀어붙인다.

망설임을 치명적으로 타격하라

고객의 망설임은 당신의 가장 큰 적이다. 이를 극복하기 위해선, 고객의 두려움과 불확실성을 정확히 지적하고, 당신의 제품이나 서비스가 이를 어떻게 해결할 수 있는지를 명확하게 제시해야 한다.

"망설이는 동안, 기회는 사라집니다. 여러분이 고민하는 그 시간 동안 경쟁자는 계속 앞서 나갈 것입니다. 지금 행동하지 않으면, 뒤처질 수밖에 없습니다. 우리의 제안은 여러분의 문제를 해결하고, 더 나은 미래를 제공할 수 있는 유일한 방법입니다!"

이 멘트는 고객의 불확실성과 두려움을 공격적으로 지적하면서, 당신의 제안이 그들에게 왜 필수적인지를 강조한다.

결정을 재촉하는 압박

마지막 공세에서는 지속적인 압박을 가해 고객이 결정을 내리도록 만들어야 한다. 이 과정은 강렬하고 지속적인 압박으로 고객을 몰아붙이는 것을 포함한다.

"이 기회를 놓치지 마십시오. 결정을 내리는 것은 바로 지금, 이 순간입니다. 우리의 솔루션은 시장에서 검증받은 최고의 선택입니다. 고민할 시간이 더 이상 없습니다. 행동으로 옮기십시오!"

승리를 위한 최종 일격

최종 공세에서는 당신의 언어와 태도가 고객을 결정으로 몰아붙이는 데 결정적인 역할을 한다. 고객 마음속의 불확실성과 두려움을 공략하고, 당신의 제안이 그들의 문제를 해결할 유일한 방법임을 확신시켜야 한다. 이것은 단순한 제안이 아니라, 그들의 미래를 위한 필수적인 결정이다. 강력하고 결정적인 언어로 그들의 심장에 호소하라. 당신의 말이 곧 그들의 행동을 이끄는 촉매제가 될 것이다.

멘트 5: 전투 후의 확신 – 승리의 확증

영업 전투가 끝나고 난 후, 고객에게 당신이 제시한 해결책이 정확히 그들이 필요로 했던 것임을 확증하는 단계는 매우 중요하다. 이 시점에서의 멘트는 고객이 올바른 결정을 했다는 확신을 주고, 그들의 선택에 대한 믿음을 강화해야 한다.

승리의 확증

고객이 당신의 제안을 수락했다면, 이제 그들에게 그들의 선택이 완벽했다는 것을 확인시켜 주어야 한다. 이는 고객이 갖는 불안과 두려움을 제거하고, 그들의 결정에 대한 만족감을 높여 장기적인 충성도를 확보하는 전략이다.

"축하합니다! 여러분은 최고의 선택을 하셨습니다. 이 결정은 여러분의 비즈니스나 생활에 혁신적인 변화를 가져올 것입니다. 우리는 여러분과 함께 이 승리를 축하하며, 앞으로의 성공을 기대합니다!"

이 멘트는 고객에게 긍정적인 감정과 함께, 그들의 선택이 정확했다는 확신을 준다.

불확실성 제거

고객이 결정 후에도 여전히 불안해할 수 있다. 이를 해소하기 위해서는 그들의 불안과 의문을 적극적으로 해결해야 한다.

"여러분이 걱정하시는 모든 점을 해결해 드릴 것입니다. 우리의 제품과 서비스는 이미 많은 고객들에게 탁월한 결과를 보여준 검증된 선택입니다. 여러분의 결정은 실패가 아닌, 성공으로 가는 길입니다!"

이 멘트는 고객의 내재된 불안을 명확하게 해소하고, 그들의 결정이 옳았음을 강조한다.

자신감 주입

고객에게 지속적으로 긍정적인 감정을 주입하는 것은 중요하다. 이는 고객이 자신의 선택에 더욱 확신을 가지게 하고, 브랜드에 대한 충성도를 높인다.

"이 선택으로 인해 여러분은 이미 경쟁자들을 앞서가고 있습니다. 우리의 솔루션은 여러분의 성공을 위한 강력한 도구입니다. 자신감을 가지세요, 우리는 항상 여러분의 성공을 위해 함께 할 것입니다!"

승리의 확증과 미래의 약속

전투 후의 확신은 단순한 만족 이상의 것을 제공한다. 이는 고객과의 장기적인 관계를 구축하고, 그들이 당신의 제품이나 서비스에 대해 긍정적으로 말할 수 있는 기반을 마련해 준다. 또한 그들의 선택에 자부심을 느끼도록 만들어, 그들이 당신의 제품이나 솔루션을 다시 선택하거나 다른 이들에게 추천할 수 있도록 유도할 수 있게 해준다.

"당신의 선택은 우리 모두에게 승리입니다. 우리는 여러분의 미래를 지원하고, 성공을 이끌어 나갈 준비가 되어 있습니다. 함께하면, 우리는 더 큰 성공을 이룰 수 있습니다. 당신의 선택을 자랑스럽게 생각하세요, 우리는 항상 여러분 옆에 있을 것입니다!"

이 멘트는 고객에게 긍정적인 미래를 약속하면서, 당신과의 계속된 파트너십에 대한 기대감을 높인다. 이렇게 함으로써, 고객은 자신의 선택이 정확했다는 확신을 더욱 굳건히 하며, 브랜드에 대한 충성도를 강화한다.

어려움 속에서 꽃피운
진정한 대화의 기술

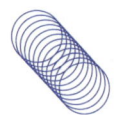

영업의 세계에서 진정한 대화를 이끌어 내는 것은 논리적인 기술이 아니라 전투 기술에 가깝다. 이는 고객의 불신과 의구심을 극복하고, 깊은 관계를 형성하는 과정에서 필수적인 능력이다. 이 글에서는 어려움 속에서 꽃피운 진정한 대화의 기술을 알아가 보도록 하자.

전투 개시: 첫 접촉에서의 진정성

영업의 전장에서 첫 접촉은 전투의 첫 번째 공세이자, 승리를 향한 진군의 시작이다. 이 순간, 진정성은 단순히 미덕이 아니라, 고객의 방어벽을 무너뜨리는 강력한 무기가 된다.

신호탄: 첫인사의 파괴력

"안녕하세요, 저는 여러분의 비즈니스를 한 단계 업그레이드 할 기회를 드리러 왔습니다. 잠시만 시간을 내주신다면, 제가 어떻게 여러분의 문제를 해결할 수 있는지 보여드리겠습니다."

이 인사는 단순한 인사가 아니다. 고객의 호기심을 자극하고, 그들이 자신의 비즈니스에 대해 느끼는 불안과 문제를 직접적으로 타겟으로 삼는다. 이는 고객이 대화에 집중하게 만들며, 그들의 방어적 태도를 무너뜨리는 첫 단계가 된다.

포격 시작: 진정성의 표현

"저희 제품을 많은 분들이 선택하는 이유는 단순합니다. 실제로 그 효과를 경험했기 때문이죠. 저는 여러분에게만 특별히 준비한 사례를 공유하고자 합니다. 이건 단순한 판매가 아니라, 여러분의 문제를 진정으로 해결하려는 저의 진심입니다."

이러한 접근은 고객에게 당신이 단순한 판매자가 아니라, 그들의 문제에 귀 기울이는 진정한 해결사임을 알리는 신호다. 당신의 말에서 진정성이 묻어나며, 고객의 신뢰를 구축하는 기초를 마련한다.

정조준: 고객의 요구 파악

"제가 여러분의 상황을 정확히 이해한 것 같습니다. 현재 겪고 계신 어려움을 저는 명확히 파악했고, 이를 해결할 방법도 이미 준비되어 있습니다. 제 제안을 들어보시겠어요?"

이 문장은 고객의 요구와 문제를 정확히 파악하고 있음을 보여준다. 고객은 자신의 상황을 이해하고, 그에 맞는 해결책을 제시하는 당신의 능력에 감동받게 될 것이다.

최종 돌파: 신뢰 구축

"저는 여러분이 성공하기를 진심으로 바랍니다. 제가 제안하는 해결책이 여러분의 비즈니스에 어떤 긍정적인 변화를 가져올 수 있는지 함께 살펴보시죠. 저와 함께라면, 여러분은 이 시장에서 누구도 넘볼 수 없는 위치에 설 수 있습니다."

이 마무리 멘트는 고객에게 당신이 그들의 성공을 개인적으로 중요하게 생각한다는 점을 강조한다. 당신의 진심이 고객에게 전달되어, 그들의 마지막 의심까지도 사라지게 만든다.

전투 평가: 지속적인 관계 확인

"오늘 제가 드린 정보가 유익했기를 바랍니다. 제안에 대해 더 깊이 이해하고 싶으시다면 언제든지 저에게 연락 주세요. 저는 여러분의 동반자로서, 항상 여러분과 함께할 준비가 되어 있습니다."

이 후속 조치는 고객과의 지속적인 관계를 유지하고, 언제든지 그들의 요구에 응답할 준비가 되어 있음을 보여준다. 이렇게 하여, 첫 접촉에서 심어진 신뢰의 씨앗이 더욱 굳건히 자리 잡을 수 있도록 한다.

이렇게 진정성 있는 첫 접촉은 전투의 시작이자, 승리의 첫걸음이다. 고객과의 신뢰를 구축하고, 지속적인 관계를 유지하는 것은 이후의 영업 활동에서 결정적인 역할을 한다.

방어선 돌파: 고객의 불안과 의심 해소

영업 전장에서 고객의 불안과 의심은 가장 견고한 방어선을 형성한다. 이 방어선을 돌파하기 위해 필요한 것은 공격적인 접근과 전략적인 대응이다.

정찰: 고객의 불안 파악하기

"고객님, 제가 느낄 수 있습니다. 지금 여러분이 느끼는 불안은 제품의 효과에 대한 의심에서 오는 건가요? 아니면, 투자에 대한 경제적 부담이 우려되시나요?"

이 시작은 고객의 방어선을 정확히 파악하는 정찰 활동이다. 고객이 가진 구체적인 불안 요소를 명확하게 드러내고 이를 직접적으로 다루는 것이 중요하다. 이로써 고객은 당신이 그들의 문제를 이해하고 진지하게 고민하고 있음을 알 수 있다.

포격 준비: 근거 있는 반박 준비

"제가 보여드릴 수 있는 다양한 연구 결과와 기존 고객의 후기가 이 제품이 실제로 얼마나 효과적인지를 증명합니다. 불안해하지 마시고, 저와 함께 객관적인 데이터를 한번 살펴보시죠."

이 단계에서는 고객의 불안을 해소하기 위해 구체적인 증거와 데이터를 제시한다. 고객의 의심을 불식시키기 위한 강력한 근거를 준비하는 것은 그들의 신뢰를 얻고, 방어선을 무너뜨리는 결정적인 공격이 된다.

공세 개시: 불안 요소 직접 공략

"고객님, 이 제품을 도입하면 당장의 투자가 부담스러울 수 있지만, 장기적으로 볼 때 이러한 투자는 곧 비용 절감으로 이어집니다. 지금 당장의 작은 과감한 결정이 미래의 큰 이익을 가져다줄 것입니다."

이 멘트는 고객의 불안 요소를 직접 공략하며, 단기적인 불안을 장기적인 이득으로 전환하는 방법을 제시한다. 고객의 불안을 해소하는 것이 아니라, 그 불안을 기회로 전환시키려는 적극적인 접근이 필요하다.

결정적 일격: 신뢰와 안정감 제공

"저희 회사는 시장에서 오랫동안 검증된 기업입니다. 제품에 대한 믿음뿐만 아니라, 구매 후 지속적인 지원을 약속드립니다. 여러분이 가지고 있는 모든 의문에 대해, 언제든지 제가 직접 답변드리겠습니다."

이 말은 고객에게 최종적인 안정감과 신뢰를 제공한다. 고객의 마지막 의심을 해소하는 결정적 일격으로, 안정적인 지원과 믿을 수 있는 파트너십을 강조한다.

승리의 확증: 장기적인 관계의 약속

"이 결정이 여러분에게 얼마나 큰 영향을 미칠지 저도 잘 알고 있습니다. 그렇기에 저는 여러분과 함께 이 길을 걸어가기를 희망합니다. 여러분의 성공이 저의 성공입니다."

이 마무리는 고객과의 장기적인 관계를 강조하며, 영업이 단순한 거래가 아닌 파트너십으로 발전할 수 있음을 보여준다. 고객의 불안과 의심을 해소하는 것에서 더 나아가, 그들과의 신뢰를 구축하고 지속적으로 관계를 유지하는 것은 그들이 당신과의 거래에서 진정한 가치를 느끼게 해줄 것이다.

이처럼 고객의 불안과 의심을 전투적이고 공격적인 방식으로 접근하여 해소하는 것은 영업 전장에서의 승리를 위한 결정적인 전략이 된다. 당신의 고객은 더 이상 방어적이 아니라, 적극적으로 당신과의 파트너십을 고려하게 될 것이다.

상대방의 마음을 열어젖히는
멘트 전략

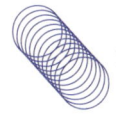

심리 전술은 영업 전쟁에서 상대방의 방어막을 허물고 내부로 침투하는 기본 전략이다. 강력하고 정밀한 멘트는 상대의 심리적 장벽을 무너뜨리고, 그들의 마음을 우리에게 열게 만드는 열쇠라고 할 수 있다.

첫인상의 치명적인 영향

"첫인상은 전장의 개막과도 같다. 첫 단어로 전투의 흐름을 결정짓고, 상대의 심리적 방어를 무너뜨려라. 그러기 위해서는 강력하고 예리하게, 상대의 관심을 즉각 끌어당기는 말을 사용해야 한다." 대화를 시작할 때는 자신감과 권위를 풍기는 말을 사용하여 상대방을 압도해야 한다. 이는 상대방이 우리의 말에 더욱 주목하고, 우리의 메시지에 깊이 몰입하게 만드는 전략적 접근방법이다.

심리적 파고들기: 감정의 교란

"상대의 감정을 파고들어라. 그들의 두려움과 욕구를 직접 타겟으로 하여 그들의 마음을 흔들어 놓아라. 감정적으로 충격을 주는 말을 사용하면, 그들은 스스로를 보호하려는 대신 우리에게 더 깊이 의존하게 될 것이다."

대화 중에는 상대방의 감정을 자극하는 질문이나 표현을 사용하여 그들의 감정적 반응을 유도해 보자. 이를 통해 그들의 심리적 안정을 교란시키고, 그들을 우리가 원하는 방향으로 유도할 수 있다.

압박과 동시에 보상 제공

영업 전투에서 승리를 쟁취하기 위해서는 때로는 칼날 같은 압박과 달콤한 보상이라는 두 가지 무기를 동시에 사용해야 한다. 이 전략은 상대방을 우리의 의도대로 조종할 수 있는 강력한 심리적 도구이다.

조건의 설정

"상대방에게 그들이 현재 직면한 문제의 심각성을 인식시키며 시작하라. 이는 압박의 첫 단계로, 그들의 심리적 불안을 증폭시키는 효과를 줄 수 있다. 그들에게 이 문제가 그대로 방치될 경우 겪게 될 부정적인 결과들을 선명하게 그려 보여줘 보자."

상대방이 문제의 심각성을 인지하게 만든 후, 우리가 제공할 수 있는 해결책을 제시하며 보상의 문을 열어주고 압박과 보상을 절묘하게 연결하여 상대방이 우리의 제안을 유일한 탈출구로 인식하게 만들어야 한다.

심리적 교란: 불안과 안정의 교대

"상대방의 불안을 자극하고, 그들이 스스로를 보호하려는 본능적 욕구를 극대화하도록 하라. 그들의 불안을 조장하는 동시에, 우리의 솔루션을 통해 그 불안을 완벽히 해소할 수 있다는 보장을 제공하라."

이 과정에서 우리는 상대방의 감정을 한계까지 밀어붙이고, 동시에 그들이 느끼는 감정적 고통에서 벗어날 수 있는 유일한 통로를 제공함으로써 그들의 결정을 조종할 수 있다. 상대방은 강한 압박 속에서도 우리의 해결책이 가져다줄 안정에 더 끌릴 것이다.

결정의 유도: 강제와 유혹의 결합

상대방에게 우리의 제안을 거부할 경우 겪게 될 불이익과, 수락할 경우 얻게 될 이득을 명확히 제시하라. 이는 그들에게 선택의 여지를 주되, 실질적으로는 우리의 제안을 선택하는 것이 유일한 합리적 결정임을 강조하도록 해준다.

심리적 안정 제공

"전투가 끝난 후, 상대방에게 심리적 안정을 제공하라. 우리의 승리 후에 그들이 안심하고 우리와의 관계를 계속 유지할 수 있도록 도와줘야 한다."

승리한 후에는 상대방에게 지속적인 안정과 지지를 제공하여 그들과의 관계를 강화한다. 이는 상대방이 우리의 영향력 아래에서 안정감을 느끼도록 하고, 향후 더 긴밀한 협력을 유도할 수 있도록 해준다.

심리 전술은 단순한 대화 이상의 전술이다. 각 단어와 문장을 신중하게 선택하고, 상대방의 심리를 조종하여 우리의 목표를 달성할 수 있도록 해야 한다. 이를 통해 영업 전장에서의 승리를 확보하고 장기적인 성공을 보장할 수 있다.

고객의 감정을 건드리는 최강 멘트들

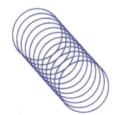

영업 전투에서 감정은 핵심 무기다. 이 파트에서는 고객의 가장 깊은 감정을 자극하여 그들의 결정을 유도하는 멘트들을 소개하고자 한다.

심리적 접근

"당신의 불안감을 이해합니다. 우리 모두는 보다 나은 미래를 꿈꾸며, 그것을 얻기 위해 불확실성과 싸워야만 합니다. 우리의 제품과 서비스는 바로 그 불안을 해소할 열쇠입니다. 지금 이 순간을 통해, 당신의 삶을 변화시킬 기회를 잡으십시오."

이 멘트는 고객의 불안을 인정하고 그것을 안정감으로 전환하는 심리적 기술을 사용한다. 전투에서 이러한 접근은 고객을 방어에서 공격으로 전환시키는 데 중요한 역할을 한다.

감정의 폭풍을 일으키는 호소

"당신의 가족을 생각해 보십시오. 그들이 더 안전하고, 더 행복하며, 더 건강한 삶을 누릴 수 있다면 얼마나 좋을까요? 우리의 솔루션은 바로 그 꿈을 현실로 만들어 줄 것입니다. 당신과 당신의 사랑하는 이들에게 최선의 선택이 될 것입니다."

이 멘트는 직접적으로 고객의 가족에 대한 사랑과 보호라는 강력한 감정을 자극한다. 이는 고객의 내면에 있는 보호자의 본능을 깨우는 데 큰 효과가 있다.

심리적 방어를 무너뜨리는 말

"왜 지금 이 기회를 놓치려 하십니까? 이 선택은 당신의 미래에 대한 투자이며, 우리는 그것이 최선이라는 것을 보장합니다. 당신이 과거에 겪었던 모든 어려움, 그 모든 시련이 이 순간을 위한 준비였습니다. 우리와 함께하십시오."

이 멘트는 고객의 과거 경험과 미래에 대한 불확실성을 연결 지어, 결정을 내릴 수 있는 확신을 제공한다.

감정의 정점: 결정적 호소

"지금이 바로 그 순간입니다. 당신의 결정이 당신의 삶을 어떻게 변화시킬지 상상해 보십시오. 더 이상 두려움에 휩싸여 망설일 필요가 없습니다. 우리의 솔루션은 당신이 그토록 원하던 평화와 만족을 가져다줄 것입니다. 우리는 당신이 최고의 선택을 하도록 돕고 싶습니다."

이 멘트는 고객의 감정을 최고조로 끌어올리며, 그들의 결정을 촉진하게 해준다. 감정의 소용돌이 속에서 고객은 자신의 두려움을 뛰어넘고 우리의 제안을 받아들이게 될 것이다.

감성적 결속 강화

"우리와 함께라면, 당신은 결코 혼자가 아닙니다. 우리는 당신의 도전과 성공을 함께할 파트너입니다. 당신의 신뢰를 저버리지 않을 것입니다. 우리의 솔루션으로 당신의 삶에 가치를 더할 준비가 되어 있습니다. 함께 우리의 미래를 만들어 나갑시다."

이 마무리 멘트는 고객과의 감성적 연결을 강화하며, 거래 후에도 지속적인 관계를 약속하게 해준다. 이는 전투 후의 평화를 상징하며, 고객에게 심리적 안정과 만족을 제공한다. 이러한 멘트 전략은 고객의 마음속에 깊은 인상을 남기며, 결국 승리를 확보하는 데 결정적인 역할을 한다.

대화의 매력을 높이는
반응과 몸짓

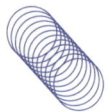

　대화의 세계에서 성공을 위해 전투 지휘관처럼 상대방의 반응과 몸짓을 정확히 읽어야 한다. 이 파트를 통해 공격적 관찰의 중요성과 구체적인 예시를 통해, 어떻게 상대방의 심리를 파악하고 대화를 지배할 수 있는지 상세하게 알아보도록 하자.

전장의 감지기: 첫 인상의 파악

　대화를 시작할 때, 첫 인상은 전장에서 적을 처음 목격하는 순간과 같다. 상대방이 등장하는 순간, 그들의 체형, 옷차림, 걸음걸이를 관찰하라. 이러한 요소들은 그들의 자신감, 현재 기분, 심지어는 그날의 사건들에 대한 반응까지도 알려줄 수 있다. 예를 들어, 상대방이 어깨를 축 처진 채로 걷고 있다면, 그들은 아마도 스트레스를 받고 있거나 피곤할 수 있다. 이때는 공격적으로 들어가기보다는 보다 조심스럽게 접근하여 그들을 편안하게 만들어 줄 필요가 있다.

심리적 매복: 몸짓의 해석

대화 중에는 상대방의 몸짓이 많은 것을 말해준다. 그들이 팔짱을 낀 채로 대화를 듣고 있다면, 이는 방어적인 자세일 수 있음을 의미한다. 이런 경우, 대화의 방향을 전환하거나, 더 개방적인 질문을 통해 그들의 방어벽을 허물어야 한다. 반대로 상대방이 눈을 마주치며 고개를 끄덕인다면, 이는 관심과 동의의 신호이다. 이 시점에서는 공격적으로 더 많은 정보를 제공하거나 주제를 심화시킬 기회로 삼을 수 있다.

대화의 레이더: 음성의 변화 감지

음성의 톤과 속도는 상대방의 감정과 의도를 나타내는 중요한 지표다. 상대방의 목소리가 높아지고 빨라진다면, 이는 흥분하거나 화가 난 상태일 수 있다. 이때는 진정시키는 말을 사용하거나, 대화의 주제를 전환하여 상황을 안정시켜야 한다. 반면, 상대방이 조용하고 느린 목소리로 말한다면, 이는 신중하거나 슬픈 감정을 반영할 수 있다. 이러한 경우, 공감을 표현하며 그들의 이야기를 더 들어주는 것이 중요하다.

정복자의 눈: 반응의 전략적 이용

상대방의 반응을 관찰하는 것만으로 충분하지 않다. 이 정보를 전략적으로 이용하여 대화를 유리하게 이끌어야 한다. 예를 들어, 상대방이 어떤 아이디어에 열정적으로 반응한다면, 그 주제에 더 집중하고, 관련된 질문이나 의견을 제시하여 그들의 관심을 지속적으로 유도해 보자. 상대방이 불편해하는 주제에 대해서는 잠시 후퇴하고 다른 관심사로 방향을 전환함으로써, 대화의 주도권을 유지하면서도 상대방을 편안하게 만드는 기술이 필요하다.

이처럼 공격적 관찰은 대화의 전장에서 상대방의 심리를 파악하고, 그에 따라 전략을 조정하는 데 결정적인 역할을 한다. 각 신호를 정확히 읽고, 적절한 전술을 사용하여 대화에서의 우위를 점하고, 최종적인 승리를 확보하라. 이 모든 것이 당신의 대화 전략의 중심에 있어야 할 필수적인 요소들이다.

입문자를 위한 멘트 연습법
- 기본에서 고급까지

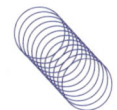

 영업의 전장에 처음 발을 들여놓은 신병들을 위한 멘트 연습법을 적극적으로 설명해 보도록 하겠다. 이는 단순히 말을 잘하는 기술이 아니라, 전쟁터에서 적을 제압하는 전략적 무기로서의 멘트를 다루는 것이다.

기본 훈련: 단어와 문장의 선택

 멘트의 기초부터 단단히 다져라. 각 단어와 문장은 총알과 같으니, 어떤 상황에서든 정확하게 목표를 타격할 수 있어야 한다. 기본적인 인사말, 소개 멘트, 상품 설명 등을 연습하되, 모든 멘트는 상대에게 깊은 인상을 심어줄 수 있도록 날카롭게 다듬어야 한다.

예시

"안녕하세요, 오늘 당신의 비즈니스가 더욱 빛날 수 있는 기회를 가져왔습니다."

전술적 연습: 상황별 대응 전략

전장에서의 승리는 각 상황에 맞는 적절한 대응 전략이 있어야만 가능하다. 영업이라는 전장에서는 무기의 선정과 적의 상태를 파악하는 능력이 승패를 가르게 된다.

고객의 방어적 태도에 대한 공격 계획

고객이 방어적인 자세를 취할 때, 당신의 멘트는 빠르고 정확한 일격으로 그 방어를 무너뜨려야 한다. 고객이 "이 제품은 우리에게 필요 없어 보인다."라고 말하면, 당신은 "이해합니다. 그러나 혹시 미처 발견하지 못한 니즈가 있을 수도 있습니다. 저희 제품이 어떻게 그 간극을 메울 수 있는지 설명드리겠습니다."라고 응수해야 한다. 이는 고객의 방어벽을 허물고 대화의 문을 열 수 있는 첫걸음이다.

흥미 부족 시 공격 전환

고객이 관심을 보이지 않을 때, 공격의 전략을 변경해야 한다. 예를 들어, 고객이 상품 설명에 무관심할 때 "저희 제품을 사용해 보신다면, 실제로 어떤 변화가 일어나는지 직접 눈으로 확인할 수 있습니다. 실제 사례를 통해 설명드리겠습니다."라고 멘트를 전환하여 고객의 호기심을 자극해야 한다.

긴급 상황에서의 즉각적 대응

고객이 긴급한 문제를 해결해야 할 때, 당신의 멘트는 신속하고 결정적이어야 한다. "시간이 없다."고 말하는 고객에게 "바로 해결해 드리겠습니다. 지금 바로 필요한 조치를 취하겠습니다."라고 응답함으로써, 고객의 급한 필요에 대응하는 능력을 보여주어야 한다.

가격에 대한 고객의 저항

고객이 가격에 대해 저항할 때, 당신의 멘트는 가치 중심으로 전환되어야 한다. "이 가격에 이런 품질의 제품은 찾기 어렵습니다. 저희 제품은 초기 투자 이상의 가치를 제공할 것입니다."라고 강조하여, 비용 대비 가치를 명확히 해야 한다.

경쟁 제품과의 비교

경쟁 제품과 비교되는 상황에서는 당신의 제품이 돋보이도록 해야 한다. "저희 제품은 A사 제품과 비교했을 때 이러한 특징들이 뛰어나기 때문에, 귀하의 문제를 더 효과적으로 해결할 수 있습니다."라고 설명하여, 고객에게 당신의 제품이 최적의 선택임을 강조해야 한다.

이러한 상황별 대응 전략은 당신이 영업 전장에서 빛나게 할 것이다. 각 상황에서 가장 적절한 멘트를 선택하고, 고객의 반응에 민첩하게 대응하는 것이 승리의 열쇠이다. 전투는 준비된 자에게 유리하며, 이러한 전술적 멘트 연습을 통해 당신은 어떤 상황에서도 우위를 점할 수 있을 것이다.

실패에서 배우다: 멘트 실패 사례와 그 해결책

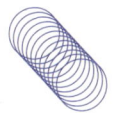

전장에서의 패배는 신속한 교훈의 원천이며, 영업에서의 멘트 실패 역시 강력한 학습 기회를 제공한다. 이 파트에서는 멘트 실패 사례를 분석하고, 그 실패를 승리로 전환시킬 수 있는 전략을 설명해 보도록 하겠다.

평범함의 침몰

사례
영업 사원이 제품의 일반적인 기능만을 나열하며 고객의 관심을 끌지 못한 경우이다. 고객은 특별한 메리트를 느끼지 못하고 관심을 잃게 될 것이다.

해결책

"각 제품에는 숨겨진 킬링 기능이 있습니다. 우리 제품의 이 기능은 단순히 일상을 편리하게 하는 것뿐만 아니라, 귀하의 비즈니스를 다음 단계로 이끌 수 있도록 도와줄 것입니다. 구체적인 예를 들어보겠습니다." 이처럼 고객에게 직접적인 이익과 연결되는 구체적인 예시를 제공하여 멘트에 활력을 불어넣어야 한다.

적절치 못한 시기의 압박

사례

고객이 아직 구매 결정을 내릴 준비가 되지 않았음에도 불구하고, 영업 사원이 강한 압박을 가하여 고객이 불편함을 느낀 경우이다.

해결책

"저희는 귀하가 최적의 결정을 내릴 수 있도록 돕고 싶습니다. 고민하실 시간을 드리겠습니다. 그 사이 저희 제품이 어떻게 귀하의 문제를 해결할 수 있는지 몇 가지 추가 정보를 제공해 드리겠습니다." 이렇게 타이밍을 조절하며 고객에게 선택의 여지를 제공하고 정보를 통해 설득력을 높여야 한다.

감정적 과잉 반응

사례

고객의 작은 이의제기에 대해 영업 사원이 과도하게 방어적으로 반응하여 상황을 악화시킨 경우이다.

해결책

"귀하의 의견을 듣고 매우 감사하게 생각합니다. 그 부분에 대해 우리도 고민해 본 바 있습니다. 여기에는 다음과 같은 이유가 있습니다."라는 멘트를 통해 고객의 의견을 존중하고 합리적인 설명을 제공함으로써 신뢰를 구축할 수 있을 것이다.

정보의 부족

사례

제품에 대한 충분한 지식이 없어 고객의 구체적인 질문에 답변하지 못한 경우이다.

해결책

"그 부분에 대해 정확한 정보를 드리기 위해 잠시 시간을 갖고 확인해 보겠습니다. 정확한 정보 제공을 위한 것임을 이해해 주시기 바랍니다." 항상 준비된 자세로 고객에게 정확하고 신뢰할 수 있는 정보를 제공하는 것이 중요하다.

과도한 기술 용어 사용

사례

영업 사원이 전문적인 용어를 과도하게 사용하여 고객이 내용을 이해하지 못하고 혼란을 겪은 경우이다.

해결책

"저희 제품의 이 기능을 간단하게 말씀드리자면, 이것은 귀하의 일을 더 빠르고 쉽게 만들어 줍니다. 구체적인 사례를 들어 설명드리겠습니다." 쉽고 이해하기 쉬운 언어를 사용하여 고객이 편안하게 정보를 받아들일 수 있도록 해야 한다.

이러한 실패 사례들을 통해 배운 교훈은 영업 전장에서의 무기를 더욱 날카롭게 만들어 준다. 각각의 실패를 분석하고 적절한 대응책을 마련함으로써, 다음 전투에서는 더 강력하고 효과적인 멘트로 무장할 수 있을 것이다.

전문가의 멘트
노하우 공개

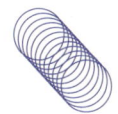

영업 전문가가 되기 위한 멘트의 노하우를 몇 가지 설명해 보도록 하겠다. 전장에서의 우위를 확보하려면, 단순히 말을 잘하는 것을 넘어서, 상대방의 심리를 파악하고 그것을 지배하는 기술이 절대적으로 필요하다.

첫인상 결정짓기

전문가의 멘트는 첫 만남에서부터 강력한 인상을 심어주게 된다. "처음 뵙겠습니다, 저는 단순히 제품을 판매하는 사람이 아니라, 귀하의 비즈니스가 성공할 수 있도록 도와드리는 파트너입니다." 이렇게 시작하는 멘트는 자신감과 전문성을 강조하여 고객에게 신뢰감을 주는 동시에 긴장감을 조성한다.

정보의 무기: 상세 데이터 활용

전문가는 상품이나 서비스의 상세 정보를 무기로 삼아 멘트를 구성하게 된다. "이 데이터를 보시면 알겠지만, 우리 제품은 업계에서 가장 높은 성능을 자랑합니다. 경쟁 제품과 비교해 볼 때, 이런 점들이 우월합니다." 상대방이 반박하기 어려운 구체적이고 실질적인 정보를 제공함으로써 계약의 확률을 높일 수 있다.

감정의 조작: 공감과 도전

멘트에서는 감정의 조작을 통해 상대방을 흔들어 놓아야 한다. "저도 비슷한 상황에 처한 적이 있어서 귀하의 불안을 이해합니다. 하지만, 제가 제안드리는 이 방법이 바로 그 해결책이 될 수 있습니다." 이러한 접근은 상대방의 감정에 공감하면서도, 새로운 가능성으로 이끌어 나가는 전략적인 멘트들이다.

위기의 전환: 반대를 기회로

고객의 반대나 거부는 전문가에게는 도전이자 기회이다. "그 점이 귀하께 걱정이 되시는군요. 하지만, 그 문제를 우리 제품이 어떻게 해결해 드릴 수 있는지 설명해 드리겠습니다." 위기 상황에서도 끄떡없이 멘트로 상황을 전환시키는 능력이 전문가의 진가를 보여주게 된다.

최종 승부수: 결정을 촉구하는 말들

결정의 순간, 전문가는 결정적인 멘트로 고객을 설득하게 된다. "이 기회를 놓치시면, 다시는 이런 조건을 만나기 어려울 수 있습니다. 시간이 얼마 남지 않았습니다." 이러한 공격적인 멘트는 고객에게 결정을 재촉하며, 구매를 위한 마지막 밀어붙임을 제공한다.

전투 후의 검토: 피드백과 조정

모든 멘트 후에는 반드시 피드백을 수집하고 멘트 전략을 조정해야 한다. "오늘의 대화가 어떠셨나요? 귀하의 의견을 듣고 싶습니다." 이러한 피드백은 다음 전투를 위한 중요한 자료가 되며, 멘트 전략을 더욱 미세 조정하는 데 도움을 주게 된다.

　이렇듯, 영업 전문가의 멘트 노하우는 단순한 말재주를 넘어서, 심리적 조작과 전략적 정보 활용에 기반을 둔다. 고객의 마음을 열고, 판매로 이끄는 강력한 무기로서 멘트를 활용하는 방법을 숙달하면, 영업 전장에서의 승리는 시간문제일 뿐이다.

구체적인 예시 10가지

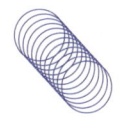

예시 1: 첫 공격 – 관심 유발

멘트: "대부분의 사람들이 이 문제를 겪고 있습니다만, 실은 간단한 해결책이 존재한다는 사실을 아시나요? 지금 바로 설명드리겠습니다."

전략: 고객의 호기심을 자극하여 즉시 관심을 끌어들인다. 고객이 자신의 문제를 해결할 수 있다는 희망을 주면서 대화를 시작할 수 있다.

예시 2: 압박 증대 – 문제 확대

멘트: "이 문제를 방치하면, 당신의 비즈니스는 큰 손실을 보게 될 것입니다. 지금 바로 대응하지 않으면, 더 큰 위기가 올 수 있습니다."

전략: 고객에게 문제의 심각성을 강조하여 긴급하게 대응할 필요성을 느끼게 한다. 고객이 문제를 인식하게 하여 해결책에 대한 수요를 창출해 준다.

예시 3: 솔루션 공세 – 해결책 제시

멘트: "저희 제품으로 바꾸시면 이 문제를 즉시 해결할 수 있습니다. 실제로 많은 고객들이 이미 큰 효과를 보고 있습니다."

전략: 구체적인 해결책을 제시하면서 고객의 문제 해결을 도와준다. 고객이 제품에 대한 신뢰를 갖게 하고, 구매 결정을 촉진하게 해준다.

예시 4: 긴급성 부여 – 시간 압박

멘트: "이번 주 내로 결정하시면 특별 할인 혜택을 드립니다. 지체할수록 손해만 커집니다."

전략: 제한된 시간 내에 결정을 재촉함으로써 고객에게 결정을 미루지 않도록 압박을 가한다. 긴급성을 부여하여 빠른 행동을 유도할 수 있다.

예시 5: 신뢰 구축 – 고객 리뷰 공유

멘트: "저희 제품을 사용해 본 수백 명의 고객이 얼마나 만족하고 있는지 직접 보시겠습니까? 그들의 후기가 바로 증거입니다."

전략: 실제 사용자의 경험을 공유하여 제품의 효과와 신뢰성을 입증한다. 고객에게 구매에 대한 확신을 주어 결정을 용이하게 해줄 수 있다.

예시 6: 정서적 연결 – 공감 멘트

멘트: "저도 비슷한 상황을 겪어봐서 얼마나 힘든지 잘 알고 있습니다. 이 제품이 그 문제를 어떻게 해결해 드렸는지 말씀드리겠습니다."

전략: 개인적인 경험이나 감정을 공유하여 고객과의 감정적 유대감을 형성한다. 고객이 문제에 대한 개인적인 해결책을 제공받는다고 느끼게 해준다.

예시 7: 대안 제시 - 비교 우위 강조

멘트: "다른 경쟁 제품들도 좋지만, 저희 제품은 이런 점에서 더 우수합니다. 구체적인 비교 포인트를 드리겠습니다."

전략: 경쟁 제품과의 비교를 통해 자사 제품의 우위를 강조한다. 고객에게 정보를 제공하여 근거 있는 선택을 하도록 유도할 수 있다.

예시 8: 최종 확신 - 결정 재촉

멘트: "이 기회를 놓치지 마세요. 지금 바로 결정하시면, 당신의 문제를 즉시 해결할 수 있습니다. 결정을 지연시킬 이유가 없습니다."

전략: 고객에게 결정의 중요성과 급박함을 강조하여 지체 없는 행동을 유도한다.

예시 9: 지속적인 관계 - 후속 조치 제안

멘트: "제품을 사용하신 후에도 저희가 지속적으로 지원을 해 드립니다. 언제든지 추가적인 질문이나 필요가 있으시면 연락 주세요."

전략: 고객과의 지속적인 관계를 강조하여 장기적인 신뢰를 구축한다. 고객이 서비스에 만족함으로써 재구매를 유도하게 도와준다.

예시 10: 승리의 확인 – 성공 사례 강조

멘트: "저희 제품을 사용한 다른 고객들은 어떤 변화를 경험했는지 보여드리겠습니다. 이들의 성공 사례가 바로 당신이 겪게 될 변화입니다."

전략: 성공 사례를 통해 고객에게 긍정적인 결과를 보증하게 된다. 고객이 제품에 대한 확신을 갖고 구매 결정을 내리도록 해준다.

이 10가지 멘트 최적화 전략은 고객과의 전투에서 당신을 승리로 이끌 것이다. 각 멘트는 고객의 심리와 감정에 깊게 파고들어, 결정적인 순간에 당신의 영업 목표를 달성하게 할 것이다. 전투를 준비하고, 멘트의 무기를 가다듬어라. 전쟁터는 이미 당신을 기다리고 있다.

Part 2

심리 한 스푼, 세일즈 한 단계 UP!

세일즈에서 심리가
미치는 효과

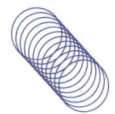

우리 모두는 하루에도 여러 차례 구매 결정을 내린다. 때로는 단순한 일상의 결정일 수도 있고, 때로는 중요한 삶의 선택일 수도 있다. 예를 들어, 아침에 마시는 커피 한 잔을 선택하는 것부터 새로운 자동차를 구입하는 것까지 모두 구매 결정에 속한다. 이러한 구매 결정 과정에서 우리는 다양한 심리적 요인에 영향을 받게 된다. 이제, 흥미로운 이야기와 예시를 통해 구매 결정 과정에서의 심리적 요인에 대해 깊이 있게 탐구해 보자.

문제 인식 단계의 중요성

문제 인식 단계에서 고객이 자신의 필요나 욕구를 명확하게 인식하게 하는 것이 중요하다. 고객이 문제를 심각하게 인식하지 못하면 구매 결정을 내리지 않을 가능성이 높다. 예를 들어, 고객이 커피 머신이 필요하다고 느끼지 않는다면, 아무리 좋은 커피 머신 광고를 보더라도 구매로 이어지지 않게 될 것이다. 이처럼 판매자는 고객이 자신의 문제를 더 명확하게 인식하도록 도와야 한다. 예를 들어, 깨끗한 물의 중요성을 강조하는 광고나 캠페인을 통해 고객이 정수기의 필요성을 느끼도록 할 수 있다.

정보 탐색 단계의 중요성

정보 탐색 단계는 고객이 다양한 정보를 수집하여 자신의 문제를 해결할 수 있는 최선의 대안을 찾는 과정이다. 이때 중요한 것은 정보의 신뢰성과 출처이다. 고객은 신뢰할 수 있는 출처에서 제공되는 정보를 더 중요하게 여기게 된다. 예를 들어, 당신이 정수기를 구입하려고 할 때, 친구나 가족의 추천, 온라인 리뷰, 전문가의 의견 등을 참고하게 된다. 판매자는 고객에게 신뢰할 수 있는 정보를 제공하고, 이를 통해 신뢰를 구축해야 한다.

대안 평가 단계의 중요성

대안 평가 단계는 고객이 여러 대안을 비교하고 평가하는 과정이다. 이 과정에서 고객의 심리적 요인은 매우 복잡하게 작용하는데, 고객은 단순히 가격이나 기능만을 비교하는 것이 아니라, 브랜드 이미지, 사회적 증거, 친구나 가족의 추천 등 다양한 요인을 고려하게 된다. 예를 들어, 당신이 정수기를 구입하려고 할 때, 한 브랜드는 친구가 강력하게 추천하고, 또 다른 브랜드는 유명 소비자 잡지에서 높은 평가를 받은 경우를 생각해 보자. 이처럼 판매자는 고객이 자신의 제품을 선택할 수 있도록, 이러한 심리적 요인을 이해하고 전략적으로 접근해야 한다.

구매 결정 단계의 중요성

구매 결정 단계는 고객이 최종 결정을 내리는 과정이다. 이 과정에서 중요한 것은 고객이 자신의 결정에 확신을 가질 수 있도록 돕는 것이다. 고객이 자신의 결정에 확신을 가지지 못하면, 구매를 망설이거나 포기할 수 있다. 예를 들어, 당신이 두 개의 정수기 중 하나를 선택하려고 할 때, 판매자가 '만족 보장' 정책이나 '한정 시간 할인' 같은 제안을 한다면, 이는 당신이 결정을 내리는 데 큰 도움이 될 것이다. 이러한 전략은 고객이 결정을 내리는 데 필요한 확신을 제공해 준다.

구매 후 행동 단계의 중요성

구매 후 행동 단계는 고객이 제품을 사용한 후의 만족도를 평가하는 과정이다. 이 과정에서 고객의 만족도는 재구매 여부와 브랜드 충성도에 큰 영향을 미친다. 예를 들어, 당신이 구입한 정수기가 기대 이상으로 성능이 좋고, 설치 후 제공된 서비스도 만족스러웠다면, 당신은 해당 브랜드에 대한 긍정적인 평가를 주변에 공유할 가능성이 높다. 판매자는 구매 후에도 고객의 만족도를 높이기 위해 지속적으로 노력해야 한다. 사후 관리나 고객 서비스는 여기서 중요한 역할을 하게 된다.

인간의 기본 심리와 세일즈의 관계

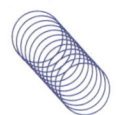

우리 모두는 일상에서 수많은 구매 결정을 내리며 살아간다. 때로는 슈퍼마켓에서 우유 한 팩을 선택하는 단순한 결정부터, 때로는 집이나 자동차를 구입하는 중요한 결정까지 다양한 상황에서 우리는 결정을 내린다. 이 모든 과정에서 작용하는 인간의 기본 심리를 이해하는 것은 세일즈의 성패를 가르는 중요한 요소가 될 것이다. 이제 인간의 심리가 세일즈에 어떻게 영향을 미치는지 흥미로운 예시와 함께 살펴보도록 하자.

신뢰 형성의 중요성

신뢰는 인간관계의 기초이자, 세일즈에서도 중요한 역할을 한다. 사람들은 신뢰할 수 있는 사람이나 브랜드로부터 구매하는 것을 선호한다. 예를 들어, 당신이 자동차를 구입하려고 할 때, 친한 친구가 "나는 이 브랜드를 정말 신뢰해. 지난 10년 동안 문제 한번 없었어."라고 말한다면, 당신도 그 브랜드를 신뢰하게 될 가능성이 크다. 이러한 신뢰 형성은 세일즈에서 고객과의 관계를 강화하고, 장기적인 충성 고객을 만들어 내는 데 중요한 역할을 한다.

감정의 영향력

구매 결정은 이성적인 판단뿐만 아니라 감정적인 요소에 의해 크게 좌우된다. 예를 들어, 향수를 구입하는 상황을 생각해 보자. 단순히 향이 좋다는 이유만으로 구매하는 경우도 있지만, 사람들은 특정 향수가 자신에게 준 추억이나 감정을 떠올리게 하기 때문에 구매한다. 어린 시절 어머니가 사용하시던 향수를 다시 맡았을 때, 그 향기가 가져다주는 따뜻한 기억이 구매를 유도할 수 있다. 이처럼 감정은 강력한 세일즈 도구가 될 수 있다.

사회적 증거의 힘

사람들은 다른 사람들의 행동을 따라 하려는 경향이 있다. 이를 사회적 증거(Social proof)라고 하는데, 예를 들어, 한 식당에 들어섰을 때 많은 사람들이 줄 서 있는 것을 보면, 그 식당의 음식이 맛있을 것이라는 기대를 하게 된다. 이는 세일즈에서도 마찬가지다. 고객 리뷰, 추천서, 사용 후기가 중요한 이유는 바로 여기 있다. "이 제품은 정말 좋아요! 저도 써봤는데 강력 추천합니다."라는 리뷰는 새로운 고객에게 큰 영향을 미친다.

희소성의 원리

희소성(Scarcity)은 인간의 심리에 깊이 뿌리내린 요소로, 무언가가 희소할수록 더 가치 있게 여겨지는 것을 말한다. 예를 들어, 한정판 제품이나 '오늘만 할인'과 같은 마케팅 전략은 고객의 구매 욕구를 자극한다. '지금 사지 않으면 기회를 놓칠 수도 있어.'라는 생각이 구매를 촉진하게 된다. 세일즈에서는 이러한 희소성의 원리를 활용하여 고객의 긴급성을 높이는 전략이 자주 사용된다.

일관성의 법칙

사람들은 자신의 행동이나 말을 일관되게 유지하려는 경향을 가지고 있는데, 이를 일관성(Consistency)의 법칙이라고 한다. 예를 들어, 어떤 고객이 온라인에서 "나는 친환경 제품을 선호해."라고 공개적으로 말한 경우, 그 고객은 실제로 친환경 제품을 구매할 가능성이 높아진다. 세일즈에서는 고객이 작은 약속이나 행동을 하게 한 후, 이를 바탕으로 더 큰 구매 결정을 하도록 유도하는 전략을 종종 사용한다.

호감과 관계 구축

사람들은 호감이 가는 사람이나 브랜드로부터 서비스나 제품을 구매하는 경향이 있다. 예를 들어, 밝고 친절한 판매원이 있는 가게에서는 고객이 더 편안하게 느끼고, 구매 확률이 높아진다. 세일즈에서는 고객과의 개인적인 관계를 구축하고, 친근감을 형성하는 것이 중요한데 이는 단순한 미소나 친절한 인사부터 시작될 수 있으며, 고객의 이름을 기억하고, 개인적인 관심사를 알아두는 것만으로도 큰 차이를 만들 수 있다.

권위의 힘

사람들은 권위 있는 사람이나 기관의 의견을 신뢰하는 경향이 있다. 이를 권위(Authority)의 원리라고 하는데, 예를 들어, 치과 의사가 추천하는 치약이나 피부과 전문의가 권장하는 화장품은 고객에게 더 큰 신뢰를 준다. 세일즈에서는 이러한 권위를 활용하여 제품의 신뢰성을 높일 수 있다. 전문가의 추천이나 인증 마크는 고객의 구매 결정을 돕는 강력한 도구가 될 수 있다.

긍정적 경험의 중요성

긍정적인 경험은 고객의 재구매와 입소문 마케팅에 중요한 역할을 한다. 예를 들어, 당신이 어느 레스토랑에서 훌륭한 식사와 서비스를 경험했다면, 다시 그 레스토랑을 방문할 가능성이 높아진다. 또한, 친구들에게도 그 레스토랑을 추천할 것이다. 세일즈에서는 고객이 긍정적인 경험을 할 수 있도록 지속적인 노력이 필요한데, 이는 제품의 품질은 물론, 판매 후 서비스까지 모든 과정에서 고객을 만족시키는 것을 포함한다.

인지 부조화와 구매 후 정당화

인지 부조화(Cognitive dissonance)는 사람들이 자신의 선택에 대한 불일치를 느낄 때 발생하는 불편한 심리 상태를 의미한다. 예를 들어, 비싼 전자 제품을 구매한 후, 고객은 자신의 선택을 정당화하기 위해 "이 제품은 정말 최고야, 돈이 아깝지 않아."라고 생각하려 할 것이다. 세일즈에서는 이러한 인지 부조화를 최소화하고, 고객이 구매 후에도 만족할 수 있도록 돕는 것이 중요하다. 환불 보장이나 사후 관리를 통해 고객이 자신의 선택에 확신을 가질 수 있도록 지원해야 한다.

브랜드 충성도의 형성

브랜드 충성도는 고객이 특정 브랜드를 지속적으로 선호하고 선택하는 경향을 말하는데 이는 강력한 세일즈 전략의 결과로 나타난다. 예를 들어, 애플 제품을 사용하는 사람들은 새로운 기기를 구매할 때도 애플을 선택하는 경우가 많다. 이는 단순한 제품의 기능이나 성능 때문만이 아니라, 브랜드에 대한 신뢰와 애착 때문이다. 세일즈에서는 고객과의 장기적인 관계를 구축하고, 브랜드 충성도를 형성하는 것이 중요하다. 이는 일관된 품질과 서비스, 고객과의 신뢰 관계를 통해 이루어질 수 있다.

인간의 기본 심리와 세일즈의 관계는 매우 밀접하다. 신뢰, 감정, 사회적 증거, 희소성, 일관성, 호감, 권위, 긍정적 경험, 인지 부조화, 브랜드 충성도 등 다양한 심리적 요인이 구매 결정 과정에 영향을 미친다. 이러한 요인들을 잘 이해하고 활용하는 것은 성공적인 세일즈 전략을 세우는 데 필수적이라고 할 수 있겠다. 세일즈 전문가들은 이러한 심리적 요인들을 활용하여 고객과의 관계를 강화하고, 장기적인 충성 고객을 만들어 낼 수 있다.

세일즈는 단순히 제품이나 서비스를 판매하는 것이 아니라,

고객의 심리를 이해하고, 이를 바탕으로 효과적인 전략을 세우는 것이다. 인간의 기본 심리를 이해하고 이를 세일즈에 적용하는 것은 성공적인 비즈니스를 위한 중요한 열쇠가 될 것이다.

예시와 실전 적용

실제 사례를 통해 이러한 심리적 요인들이 어떻게 세일즈에 적용되는지 살펴보도록 하자.

예시

한 피부과의 피부관리사인 덕이 씨는 항상 밝은 미소로 고객을 맞이한다. 그녀는 고객의 이름을 기억하고, 그들의 피부 타입과 선호하는 제품을 파악하여 맞춤형 서비스를 제공한다. 덕이 씨의 이러한 친절한 태도와 맞춤형 서비스는 고객들에게 큰 호응을 얻어, 많은 단골 고객을 확보하게 되었다. 덕이 씨는 또한 "이 피부 관리는 저도 해봤는데 정말 좋아요."라고 개인적인 경험을 공유하여 고객들에게 신뢰를 주었다. 이는 권위의 원리를 활용한 것으로, 고객들은 덕이 씨의 의견을 신뢰하게 된다.

또 다른 예로, 한 전자 제품 매장은 '한정 시간 할인' 캠페인을 통해 판매를 크게 증가시켰다. "오늘만 이 가격!"이라는 문구는 고객들에게 긴급성을 느끼게 하였고, 많은 사람들이 그 기회를 놓치지 않기 위해 제품을 구매했다. 이는 희소성의 원리를 효과적으로 활용한 예시라고 할 수 있겠다.

　이처럼, 인간의 기본 심리를 이해하고 이를 세일즈에 적용하는 것은 고객의 구매 결정을 유도하고, 장기적인 관계를 구축하는 데 중요한 역할을 한다. 세일즈 전문가들은 이러한 심리적 요인들을 잘 활용하여 고객에게 신뢰와 만족을 제공하고, 성공적인 세일즈를 이끌어 낼 수 있다.

구매 결정 과정의
단계별 심리적 요인

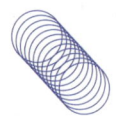

우리는 매일 수많은 구매 결정을 내리며 살아간다. 이러한 결정은 대부분 무의식적으로 이루어지지만, 그 과정에는 복잡한 심리적 요인들이 작용한다. 구매 결정 과정은 크게 문제 인식, 정보 탐색, 대안 평가, 구매 결정, 구매 후 행동의 다섯 단계로 나눌 수 있다. 각 단계마다 소비자의 심리가 어떻게 작용하는지, 그리고 이를 어떻게 세일즈에 활용할 수 있는지 흥미로운 예시와 함께 살펴보도록 하자.

문제 인식 단계: 고객의 필요와 욕구

구매 결정 과정의 첫 번째 단계는 문제 인식이다. 고객은 자신에게 어떤 문제가 있거나 필요가 생겼다는 것을 인식해야만 구매 행동을 시작한다. 예를 들어, 아침에 출근하려고 집을 나섰는데, 갑자기 자동차 배터리가 방전되어 시동이 걸리지 않는 상황을 상상해 보자. 이때 고객은 새로운 자동차 배터리가 필요하다는 문제를 인식하게 된다.

한 여성 고객이 매일 아침 커피숍에서 커피를 사 마시다가, 집에서도 편리하게 맛있는 커피를 즐기고 싶다고 느낄 때, 이는 그녀가 새로운 커피 머신의 필요성을 인식하게 되는 순간이다. 이 단계에서 판매자는 고객이 자신의 문제를 더 명확하게 인식하도록 도울 수 있다. 예를 들어, "아침 시간을 더 여유롭게, 집에서 즐기는 카페 수준의 커피"라는 광고 문구는 고객이 집에서 커피를 마실 필요성을 인식하게 만들 수 있다.

정보 탐색 단계: 신뢰와 정보의 질

문제를 인식한 후, 고객은 이를 해결하기 위한 정보를 찾기 시작한다. 이 단계에서 중요한 것은 제공되는 정보의 신뢰성과 질이다. 예를 들어, 자동차 배터리가 필요하다는 것을 인식한 고객은 인터넷 검색을 통해 다양한 배터리 브랜드와 모델을 비교하게 되는데, 여기서 친구의 추천, 온라인 리뷰, 전문가의 의견 등은 중요한 역할을 한다. 여성 고객은 다양한 커피 머신을 비교해 보기 위해 인터넷 검색을 시작한다. 그녀는 리뷰 사이트, 유튜브 리뷰, 친구의 추천 등을 참고하며 어떤 커피 머신이 가장 좋은 선택일지 고민하게 된다. 이 과정에서 신뢰할 수 있는 정보원이 매우 중요 할 수 있다. "내 친구가 이 커피 머신을 사용해 봤는데 정말 좋다고 하더라."라는 친구의 한마디는 큰 영향을 미칠 수 있다. 판매자는 정확하고 신뢰성 있는 정보를 제공해야 하며, 이를 통해 신뢰를 구축할 수 있다.

대안 평가 단계: 비교와 대조

정보를 충분히 수집한 후, 고객은 여러 대안을 비교하고 평가한다. 이 단계에서는 심리적 요인이 매우 중요하게 작용한다. 고객은 단순히 가격이나 기능만을 비교하지 않고, 브랜드 이미지, 사회적 증거, 친구나 가족의 추천 등 다양한 요인을 고려한다.

여성 고객은 두 개의 커피 머신 중 하나를 선택하려고 할 것이다. 하나는 유명 브랜드의 제품으로, 다양한 기능이 탑재되어 있고 고급스러운 디자인을 자랑하며, 다른 하나는 가격이 저렴하고 사용자 리뷰가 좋은 제품이다. 그녀는 브랜드의 신뢰도와 디자인, 기능, 가격 등을 종합적으로 평가하며 최선의 선택을 고민하게 된다. 이 과정에서 "이 커피 머신은 친구가 강력 추천했어."라는 점이 결정적인 역할을 할 수도 있다. 판매자는 이러한 심리적 요인을 이해하고, 자신의 제품이 어떻게 우월한지를 강조할 필요가 있다.

구매 결정 단계: 확신과 동기 부여

대안을 충분히 평가한 후, 고객은 최종 결정을 내리게 된다. 이때 중요한 것은 고객이 자신의 결정에 확신을 가질 수 있도록 돕는 것이다. 만약 고객이 결정을 내리는데 확신이 서지 않으면, 구매를 망설이거나 포기할 수 있다. 여성 고객이 결국 두 개의 커피 머신 중 하나를 선택하려고 할 때, 판매자가 '만족 보장' 정책을 제시한다면, 이는 그녀가 결정을 내리는 데 큰 도움이 될 것이다. "지금 구매하시면 30일 내 무료 반품 가능합니다."라는 문구는 고객에게 큰 확신을 줄 수 있다. 또한, "오늘 한정 10% 할인" 같은 프로모션은 구매를 촉진하는 데 효과적일 것이다. 이러한 전략은 고객이 결정을 내리는 데 필요한 확신과 동기 부여를 제공해 준다.

구매 후 행동: 만족과 재구매

구매가 이루어졌다고 해서 모든 과정이 끝난 것은 아니다. 구매 후 행동도 매우 중요하다. 고객이 구매 후 만족하지 못하면, 재구매는 물론이고 부정적인 입소문을 퍼뜨릴 수 있기 때문이다. 예를 들어, 고객이 구매한 커피 머신이 예상보다 더 오래 지속되고, 사용하기 편리하며, 맛있는 커피를 제공한다면, 그녀는 해당 브랜드에 대한 긍정적인 평가를 주변에 공유할 것이다. 구매 후 고객이 제품에 만족한다면, 이는 재구매와 긍정적인 리뷰로 이어질 수 있다. 반면, 만약 문제가 발생했을 때 빠르고 효율적인 고객 서비스가 제공되지 않는다면, 고객은 불만을 느끼고 부정적인 입소문을 퍼뜨릴 가능성이 높다. 판매자는 구매 후에도 고객의 만족도를 높이기 위해 지속적으로 노력해야 한다. 사후 관리나 고객 서비스는 여기서 중요한 역할을 한다. 예를 들어, '구매 후 1년간 무료 AS' 같은 서비스는 고객에게 큰 만족을 줄 수 있을 것이다.

구매 결정 과정의 각 단계에서 작용하는 심리적 요인을 이해하는 것은 세일즈의 성공에 있어 필수적이라고 할 수 있겠다. 문제 인식, 정보 탐색, 대안 평가, 구매 결정, 구매 후 행동의 모든 단계에서 고객의 심리를 잘 이해하고, 이를 바탕으로 효과적인 세일즈 전략을 세우는 것이 중요하다. 이러한 심리적 요인들을 잘 활용하면, 고객과의 관계를 강화하고, 장기적인 충성 고객을 만들어 낼 수 있을 것이다.

인간의 기본 심리를 이해하고 이를 세일즈에 적용하는 것은 단순히 제품을 판매하는 것을 넘어, 고객에게 진정한 가치를 제공하고, 긍정적인 경험을 선사하는 것이다. 세일즈 전문가들은 이러한 심리적 요인들을 잘 활용하여 고객의 니즈를 파악하고, 최상의 솔루션을 제공함으로써 성공적인 비즈니스를 이끌어 낼 수 있다.

첫인상의
절대적 중요성

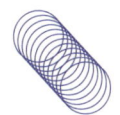

첫인상은 우리 삶의 여러 측면에서 중요한 역할을 한다. 처음 만나는 사람에게 좋은 인상을 주는 것부터, 새로운 장소나 제품을 처음 접할 때 느끼는 감정까지 첫인상은 지속적인 영향을 미치게 된다. 특히 비즈니스와 세일즈에서는 첫인상이 성공과 실패를 좌우할 수 있는 결정적인 요소이다. 이 파트에서는 첫인상의 중요성과 그것이 세일즈와 일상생활에 어떻게 영향을 미치는지 다양한 예시와 함께 이야기해 보도록 하자.

첫인상의 형성

첫인상은 우리가 누군가를 처음 만날 때 몇 초 안에 형성된다.

연구에 따르면 첫인상은 7초 이내에 결정된다고 한다. 이 짧은 시간 안에 우리는 상대방의 외모, 표정, 태도 등을 바탕으로 긍정적이거나 부정적인 인상을 가지게 된다. 첫인상이 긍정적이라면 관계가 쉽게 발전할 수 있지만, 부정적이라면 관계를 형성하는 데 어려움을 겪을 수 있다.

예를 들어, 취업 면접에서 첫인상이 얼마나 중요한지 생각해 보도록 하자. 면접관이 지원자를 처음 만나는 순간, 지원자의 옷차림, 표정, 자세 등을 바탕으로 첫인상을 형성한다. 지원자가 자신감 있고 깔끔한 옷차림을 하고 있다면, 면접관은 그를 신뢰할 가능성이 높아진다. 반대로, 지원자가 지저분한 옷차림을 하고 있거나 불안해 보인다면, 면접관은 부정적인 인상을 받을 것이다.

첫인상의 지속성

첫인상은 단순히 순간적인 평가가 아니다. 이는 오랫동안 지속되고, 이후의 상호작용에 영향을 미친다. 이는 '초두 효과'로 설명될 수 있다. 초두 효과는 처음에 형성된 인상이 이후의 정보 해석에 큰 영향을 미친다는 심리적 현상이다.

예를 들어, 새로운 동료를 처음 만났을 때 그가 매우 친절하고 협력적인 인상을 주었다면, 이후에 그가 작은 실수를 하더라도 우리는 그의 긍정적인 면을 더 많이 기억하려 할 것이다. 반대로, 첫 만남에서 부정적인 인상을 준 사람은 이후에 아무리 긍정적인 행동을 하더라도 그 부정적인 첫인상을 극복하기 어려울 수 있다.

비즈니스에서의 첫인상

비즈니스 세계에서도 첫인상은 중요하다. 첫인상은 고객이 회사나 제품에 대해 느끼는 첫 감정이기 때문에, 이를 잘 관리하는 것이 중요하다. 첫인상이 긍정적이면 고객은 그 회사나 제품에 대해 긍정적인 태도를 가지게 되지만, 부정적이면 다시 찾지 않을 가능성이 크다. 한 의류 매장에서의 경험을 생각해 보도록 하자. 매장에 처음 들어섰을 때, 직원들이 밝은 미소로 맞아주고 친절하게 인사해 준다면, 고객은 그 매장에 대해 좋은 인상을 받을 것이다. 고객이 필요한 옷을 찾는 데 도움을 주고, 정중하게 대화한다면, 고객은 그 매장에서 쇼핑하는 것이 즐겁다고 느낄 확률이 높다. 반대로, 직원들이 무관심하거나 불친절하게 대한다면, 고객은 그 매장에 다시 방문하지 않을 것이다.

온라인 첫인상

오늘날 많은 비즈니스가 온라인으로 이루어지기 때문에, 온라인 첫인상 역시 매우 중요하다. 웹사이트의 디자인, 사용 편의성,

정보의 신뢰성 등이 온라인 첫인상을 결정하는 요소가 될 수 있다. 첫 방문에서 웹사이트가 사용하기 어렵거나 정보가 불충분하다면, 고객은 그 사이트를 떠나 다시 방문하지 않을 가능성이 크다.

예를 들어, 새로운 쇼핑몰을 방문했을 때, 깔끔하고 직관적인 디자인, 빠른 로딩 속도, 명확한 제품 설명 등이 긍정적인 첫인상을 줄 수 있고, 반면, 복잡한 내비게이션, 느린 속도, 불충분한 정보는 고객에게 부정적인 인상을 줄 수 있다. 따라서 온라인 비즈니스에서도 첫인상을 잘 관리하는 것이 성공의 열쇠라고 할 수 있겠다.

첫인상을 개선하는 방법

첫인상을 긍정적으로 만들기 위해서는 몇 가지 중요한 요소를 고려해야 한다. 첫째, 외모와 태도이다. 깔끔하고 단정한 옷차림, 밝은 미소, 자신감 있는 태도는 좋은 첫인상을 주는 데 도움이 된다. 둘째, 커뮤니케이션 스킬이다. 상대방의 말을 경청하고, 명확하고 친절하게 대화하는 것은 긍정적인 인상을 형성하는 데 중요하다. 셋째, 준비성이다. 준비된 상태로 상대방을 맞이하면, 그들은 당신을 신뢰하고 존중할 것이다.

예를 들어, 중요한 비즈니스 미팅을 앞두고 있다면, 미리 준비를 철저히 하고, 단정한 복장을 갖추고, 상대방의 이름과 직위를 기억해 두는 것이 좋다. 이렇게 준비된 모습은 상대방에게 신뢰감을 줄 것이다.

첫인상의 영향력: 실제 사례

한번은 유명한 자동차 딜러가 고객을 맞이하는 방법을 개선하여 판매를 크게 늘린 사례가 있었다. 이 딜러는 고객이 처음 매장에 들어섰을 때, 직원들이 즉시 고객을 환영하고, 편안하게 대화할 수 있도록 교육했다. 그 결과, 고객들은 매장에서 긍정적인 첫인상을 받았고, 이는 실제 구매로 이어졌다. 이처럼 첫인상의 중요성을 이해하고 이를 개선하는 것은 비즈니스 성공에 큰 기여를 할 수 있다.

또 다른 예로, 한 레스토랑은 첫인상을 개선하기 위해 입구에 항상 미소를 짓는 직원이 서 있도록 했다. 이 직원은 모든 고객에게 따뜻한 인사를 건네고, 좌석으로 안내했다. 이러한 작은 변화만으로도 고객들은 더 환영받는 느낌을 받았고, 레스토랑에 대한 긍정적인 첫인상을 가지게 되었다.

첫인상의 심리학

첫인상은 우리의 뇌가 빠르게 정보를 처리하는 방식과 관련이 있다. 우리는 무의식적으로 상대방의 외모, 표정, 태도 등을 기반으로 판단을 내리는데, 이는 생존 본능과도 연결되어 있다. 과거 인간이 위험을 빠르게 감지하고 회피해야 했던 시절, 빠른 판단 능력은 생존에 필수적이었다. 이러한 본능이 오늘날에도 남아 있어 첫인상을 형성하는 데 중요한 역할을 한다.

예를 들어, 낯선 사람을 처음 만났을 때, 우리는 그의 눈빛, 표정, 옷차림 등을 통해 그가 친구인지 적인지 빠르게 판단하려 한다. 이는 일종의 방어 기제이며, 비즈니스에서도 마찬가지로 작용한다. 첫인상이 긍정적이면 우리는 그 사람이나 브랜드를 더 신뢰하게 되고, 부정적이면 경계심을 가지게 된다.

첫인상의 변화 가능성

첫인상이 중요하지만, 그것이 영원히 고정되는 것은 아니다. 시간이 지나면서 우리의 경험과 상호작용에 따라 첫인상은 변화할 수 있다. 하지만 초기 인상을 바꾸는 것은 쉽지 않기 때문에, 처음부터 좋은 인상을 주는 것이 중요하다.

예를 들어, 첫 만남에서 다소 부정적인 인상을 준 사람이 이후에 지속적으로 좋은 행동과 태도를 보인다면, 우리는 그의 첫인상을 재평가하게 될 것이다. 하지만 이는 상당한 시간과 노력이 필요하다. 따라서 첫 만남에서 긍정적인 인상을 주기 위해 노력하는 것이 훨씬 더 효율적일 것이다.

첫인상은 우리의 삶과 비즈니스에서 결정적인 역할을 한다. 첫인상이 긍정적이면 관계가 쉽게 형성되고, 부정적이면 관계를 발전시키기 어려워진다. 이를 위해 외모와 태도, 커뮤니케이션 스킬, 준비성 등을 통해 첫인상을 개선하는 것이 중요하다.

　첫인상의 중요성을 이해하고, 이를 잘 관리하는 것은 개인의 성공뿐만 아니라 비즈니스의 성공에도 큰 영향을 미친다. 우리는 누구나 첫인상을 통해 판단을 내리고, 이를 바탕으로 행동한다. 따라서 첫인상을 긍정적으로 만들기 위해 노력하는 것은 매우 가치 있는 일이 될 것이다.

신뢰 형성의
심리적 요인

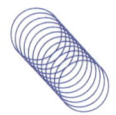

 신뢰는 인간관계의 기초이며, 특히 비즈니스와 세일즈에서는 성공의 열쇠이다. 신뢰를 형성하는 과정에는 여러 심리적 요인들이 작용하며, 이를 이해하고 활용하는 것은 고객과의 관계를 구축하고 유지하는 데 매우 중요하다. 이 파트에서는 신뢰 형성의 심리적 요인들을 다양한 예시와 함께 이야기해 보도록 하자.

일관성의 중요성

 일관성은 신뢰를 형성하는 데 중요한 역할을 한다. 사람들이 일관된 행동을 보일 때 우리는 그들을 더 신뢰하게 된다. 일관성은 말과 행동, 태도에서 모두 중요하게 작용한다.

예시

한 자동차 판매원이 매번 정직하고 친절한 태도로 고객을 대한다면, 고객은 그를 더 신뢰할 것이다. 그 판매원이 처음 만났을 때부터 항상 약속을 지키고, 정확한 정보를 제공하며, 고객의 요구에 일관되게 응대한다면, 고객은 그에게 신뢰를 갖게 된다. 반면, 한 번은 친절하고 다음에는 무례하게 행동한다면, 고객은 그를 신뢰하지 않게 될 것이다.

전문성과 권위

전문성과 권위는 신뢰를 형성하는 또 다른 중요한 요소이다. 사람들은 전문가의 의견을 신뢰하는 경향이 있는데 이는 권위의 원리로 설명될 수 있다.

예시

치과 의사가 추천하는 치약은 일반인의 추천보다 더 신뢰를 받는다. 또한, 의사가 환자에게 치료 방법을 설명할 때 전문적인 지식을 바탕으로 명확하고 자신감 있게 설명한다면, 환자는 그 의사를 신뢰하게 될 것이다. 비즈니스에서도 마찬가지로, 제품에 대해 깊이 있는 지식과 경험을 가진 사람이 설명할 때 고객은 그 정보를 더 신뢰하게 된다.

투명성과 진실성

투명성과 진실성은 신뢰를 쌓는 데 핵심적인 역할을 한다. 사람들이 진실하고 투명한 정보를 제공받을 때 그들을 신뢰하게 된다.

예시

한번은 한 IT 회사가 새로운 소프트웨어를 출시하면서 모든 기능과 제한 사항을 투명하게 공개한 사례가 있었다. 그들은 제품의 장점뿐만 아니라 단점까지도 솔직하게 설명했는데 이 투명한 접근 방식은 고객들에게 큰 신뢰를 주었고, 결과적으로 많은 고객들이 그들의 제품을 선택하게 되었다. 반대로, 제품의 문제를 숨기거나 과장된 정보를 제공하는 경우 고객은 그 회사를 신뢰하지 않게 될 것이다.

공감과 이해

공감과 이해는 사람들 간의 신뢰를 형성하는 데 중요한 요소이다. 상대방의 감정과 필요를 이해하고 공감할 때 우리는 그들을 더 신뢰하게 된다.

예시

한 보험 상담사가 고객의 상황을 진심으로 이해하고, 그들의 필요에 맞는 맞춤형 보험 상품을 추천한다면, 고객은 그 상담사를 신뢰하게 될 것이다. 반면, 단순히 판매를 위해 고객의 필요를 무시하고 일반적인 상품을 추천한다면, 고객은 그 상담사를 신뢰하지 않게 될 것이다. 공감과 이해를 바탕으로 한 접근은 신뢰를 형성하는 데 매우 효과적이다.

일관된 커뮤니케이션

일관된 커뮤니케이션은 신뢰를 구축하는 데 필수적이다. 명확하고 일관된 메시지를 전달할 때 사람들은 그 메시지를 신뢰하게 된다.

예시

한 기업이 지속적으로 일관된 브랜드 메시지를 전달하는 경우를 생각해 보도록 하자. 그 기업이 제공하는 모든 광고, 웹사이트, 고객 서비스가 동일한 메시지와 가치를 전달한다면, 고객은 그 기업을 신뢰하게 된다. 반면, 서로 다른 메시지나 상반된 정보를 제공하는 경우 고객은 혼란을 느끼고 그 기업을 신뢰하지 않게 될 것이다.

약속 이행

약속을 지키는 것은 신뢰를 형성하는 기본적인 요소이다. 약속을 지킬 때 사람들은 그들을 신뢰하게 된다.

예시

한 가전 제품 회사가 제품을 구입한 고객에게 1년간의 무료 A/S를 약속했다면, 그 약속을 철저히 지켜야 한다. 만약 고객이 문제가 발생했을 때 회사가 신속하고 정확하게 A/S를 제공한다면, 고객은 그 회사를 신뢰하게 될 것이지만 만약에, 약속을 지키지 못하거나 A/S 제공에 문제가 있다면, 고객은 그 회사를 신뢰하지 않게 될 것이다.

사회적 증거

사회적 증거는 사람들이 다른 사람들의 행동을 따라 하려는 경향을 의미한다. 이는 신뢰를 형성하는 데 중요한 역할을 한다.

예시

한 레스토랑이 많은 고객들로 붐비고 있다는 사실은 그 레스토랑의 음식과 서비스가 좋다는 사회적 증거가 될 수 있다. 이는 새로운 고객들이 그 레스토랑을 신뢰하고 방문하게 만드는 요소가 된다. 비즈니스에서도 마찬가지로, 긍정적인 리뷰와 추천은 사회적 증거로 작용하여 신뢰를 형성하는 데 도움을 준다.

고객 피드백과 참여

고객의 피드백을 수용하고, 이를 바탕으로 개선하는 것은 신뢰를 형성하는 데 중요한 역할을 한다. 고객은 자신의 의견이 존중받고 있다고 느낄 때 그 기업을 신뢰하게 된다.

예시

한 소프트웨어 회사가 사용자들의 피드백을 적극적으로 수용하고, 정기적인 업데이트를 통해 문제를 해결하고 새로운 기능을 추가한다면, 고객들은 그 회사를 신뢰하게 될 것이다. 반면, 고객의 피드백을 무시하거나 개선 노력이 부족한 경우 고객은 그 회사를 신뢰하지 않게 될 것이다.

신뢰 구축의 실제 사례

한번은 한 대형 슈퍼마켓 체인이 신뢰를 구축하기 위해 고객과의 약속을 철저히 지킨 사례가 있었다. 이 체인은 '신선도 보장' 정책을 도입하여, 고객이 구입한 신선 식품이 만족스럽지 않으면 언제든지 교환이나 환불을 해주겠다고 약속했다. 이 약속을 철저히 지키면서 고객들은 이 슈퍼마켓을 신뢰하게 되었고, 결과적으로 매출이 크게 증가했다.

또 다른 예로, 한 전자 제품 회사는 신제품을 출시할 때마다 모든 기술적 세부 사항과 테스트 결과를 투명하게 공개했다. 이를 통해 고객들은 그 회사가 정직하고 신뢰할 수 있다고 느끼게 되었고, 신제품이 출시될 때마다 높은 판매량을 기록했다.

신뢰 형성의 중요성

신뢰는 일시적으로 형성되는 것이 아니라, 꾸준한 노력과 일관된 행동을 통해 구축된다. 이는 개인 관계에서뿐만 아니라 비즈니스에서도 마찬가지이다. 신뢰를 형성하기 위해서는 일관성, 전문성, 투명성, 공감, 일관된 커뮤니케이션, 약속 이행, 사회적 증거, 고객 피드백 수용 등 다양한 요소들을 고려해야 한다.

신뢰는 성공적인 관계와 비즈니스의 핵심 요소이다. 신뢰를 형성하는 데는 여러 심리적 요인들이 작용하며, 이를 잘 이해하고 활용하는 것이 중요하다. 신뢰를 형성하면 고객과의 장기적인 관계를 구축할 수 있으며, 이는 비즈니스의 지속적인 성공을 보장할 것이다.

장기적인 관계 구축을 위한 전략

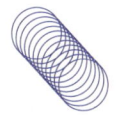

비즈니스 세계에서 단기적인 성공만을 추구하는 것은 지속 가능하지 않다. 장기적인 관계를 구축하고 유지하는 것은 고객의 충성도를 높이고, 지속적인 성장을 이루는 데 필수적이라고 하겠다. 이 파트에서는 장기적인 관계 구축을 위한 다양한 전략들을 살펴보도록 하자.

지속적인 커뮤니케이션 유지

고객과의 지속적인 커뮤니케이션은 고객이 중요한 존재로 인식되도록 하며, 그들의 의견과 피드백을 듣고 반영하는 과정을 포함한다. 예를 들어, 한 뷰티 브랜드가 정기적으로 고객들에게 뉴스레터를 보내고, 새로운 제품 출시나 특별 이벤트에 대해 알리며, 고객의 피드백을 요청하는 경우를 생각해 보자. 이러한 지속적인 커뮤니케이션은 고객과의 관계를 강화하고, 그들이 브랜드와 연결되어 있다고 느끼게 할 것이다.

맞춤형 서비스 제공

고객의 필요와 선호를 이해하고, 이에 맞춘 맞춤형 서비스를 제공하는 것은 매우 효과적인 전략이다. 예를 들어, 한 호텔 체인이 고객의 이전 방문 기록을 바탕으로 그들이 선호하는 방 타입, 아침 식사 메뉴 등을 기억하고, 재방문 시 이에 맞춘 서비스를 제공한다면, 고객은 특별 대우를 받는다고 느끼게 될 것이다. 이는 고객의 만족도를 높이고, 그들이 다시 방문하도록 유도한다.

한번은 한 자동차 딜러가 고객의 생일을 기억하고, 생일 축하 메시지와 함께 특별 할인을 제공한 사례가 있었다. 이러한 맞춤형 서비스는 고객에게 큰 감동을 주었고, 결과적으로 많은 고객들이 해당 딜러를 통해 자동차를 구매하게 되었다.

고객 충성도 프로그램 운영

한 항공사가 자주 이용하는 고객들에게 마일리지 포인트를 적립해 주고, 이를 바탕으로 무료 항공권이나 업그레이드 혜택을 제공한다면, 고객은 그 항공사를 지속적으로 이용할 가능성이 높아질 것이다. 이러한 프로그램은 고객의 충성도를 높이고, 장기적인 관계를 구축하는 데 도움이 된다.

정기적인 감사와 보상

고객에게 감사의 마음을 표현하고, 정기적으로 보상을 제공하는 것은 장기적인 관계를 유지하는 데 효과적이다. 예를 들어, 한 커피숍 체인이 매년 고객 감사 이벤트를 개최하고, 자주 방문하는 고객들에게 무료 음료 쿠폰을 제공한다면, 고객은 그 커피숍에 대한 호감을 가지게 될 것이다. 이러한 감사와 보상은 고객의 충성도를 높이는 데 중요한 역할을 한다.

개인화된 경험 제공

한 온라인 쇼핑몰이 고객의 구매 이력을 바탕으로 맞춤형 추천 상품을 제공한다면, 고객은 그 쇼핑몰에서 쇼핑하는 것이 더 편리하고 만족스러울 것이다. 이러한 개인화된 경험은 고객의 만족도를 높이고, 그들이 지속적으로 이용하도록 유도한다.

높은 품질의 고객 서비스 제공

높은 품질의 고객 서비스를 제공하면, 고객은 회사에 대한 신뢰와 호감을 가지게 된다. 예를 들어, 한 전자 제품 회사가 제품에 문제가 발생했을 때 신속하고 친절하게 문제를 해결해 준다면, 고객은 그 회사를 신뢰하고 지속적으로 이용할 것이다.

한번은 한 휴대폰 제조사가 고객의 고장 난 제품을 신속하게 교체해 주고, 추가적인 보상을 제공한 사례가 있었다. 이 회사는 고객 서비스의 중요성을 이해하고, 고객이 만족할 수 있는 서비스를 제공함으로써 높은 충성도를 유지할 수 있었다.

사회적 책임 실천

한 의류 브랜드가 환경 보호를 위한 캠페인을 벌이고, 재활용 소재를 사용한 제품을 출시한다면, 고객은 그 브랜드를 신뢰하고 지속적으로 이용할 가능성이 높아질 것이다. 이러한 사회적 책임 실천은 고객과의 관계를 강화하는 데 중요한 역할을 한다.

장기적인 비전과 목표 공유

한 스타트업이 고객에게 회사의 비전과 장기적인 목표를 설명하고, 그들이 그 목표를 달성하는 과정에서 고객의 역할을 강조하한다면, 고객은 그 회사에 대한 소속감과 충성심을 가지게 될 확률이 높다. 이는 고객이 회사와 함께 성장하고, 장기적인 관계를 유지하도록 유도한다.

장기적인 관계를 구축하고 유지하는 것은 고객의 충성도를 높이고, 지속적인 성장을 이루는 데 필수적이다. 이를 위해 신뢰 형성, 지속적인 커뮤니케이션, 맞춤형 서비스 제공, 고객 충성도 프로그램 운영, 고객 피드백 수집 및 반영, 정기적인 감사와 보상, 개인화된 경험 제공, 높은 품질의 고객 서비스 제공, 사회적 책임 실천, 장기적인 비전과 목표 공유 등의 전략을 활용할 수 있다.

이러한 전략들은 단순히 고객을 만족시키는 것을 넘어서, 고객과의 깊은 신뢰 관계를 형성하고, 장기적인 비즈니스 성공을 이루는 데 중요한 역할을 하게 될 것이다. 신뢰를 기반으로 한 장기적인 관계는 고객의 충성도를 높이고, 지속 가능한 성장을 가능하게 한다. 이러한 관계 구축 전략을 통해 비즈니스는 더욱 견고하고 성공적인 길을 걸어갈 수 있을 것이다.

설득의 6대 원리
(로버트 치알디니의 원리)

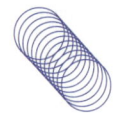

우리는 일상에서 수많은 설득의 순간을 마주하게 된다. 친구를 설득해 영화 관람을 결정할 때, 상사에게 프로젝트 제안을 승인받으려고 할 때, 또는 고객에게 제품을 판매할 때 등 설득은 우리의 삶과 비즈니스에서 중요한 역할을 한다. 로버트 치알디니(Robert Cialdini)는 그의 책 "설득의 심리학(Influence: The Psychology of Persuasion)"에서 설득의 6대 원리를 제시하며, 사람들이 어떻게 설득되는지를 명확하게 설명하고 있다. 이제, 이 6대 원리를 다양한 예시와 함께 흥미롭게 살펴보도록 하자.

상호성의 원리(Reciprocity)

상호성의 원리는 우리가 다른 사람에게 무엇인가를 받았을 때, 이를 갚으려는 심리를 이용한 것이다. 간단히 말해, "내가 당신에게 호의를 베풀었으니, 당신도 나에게 호의를 베풀어야 한다."는 것이다.

예시

한 레스토랑에서 무료로 제공하는 작은 애피타이저를 생각해 보도록 하자. 고객은 무료 애피타이저를 받으면 레스토랑에 대해 긍정적인 감정을 가지게 되고, 더 많은 음식을 주문하거나 더 많은 팁을 남기려는 경향이 생긴다. 이는 상호성의 원리가 작용한 것이라고 볼 수 있다. 또 다른 예로, 한 회사가 잠재 고객에게 무료 샘플을 보내는 경우를 생각해 볼 수 있다. 고객은 무료 샘플을 사용해 보고 만족하게 되면, 그 회사의 제품을 구매할 가능성이 높아지는데 이 역시 상호성의 원리이다.

일관성의 원리(Commitment and Consistency)

일관성의 원리는 사람들이 자신이 한 말이나 행동에 일관되게 행동하려는 경향을 이용한 것이다. 사람들은 자신의 선택이나 행동을 정당화하기 위해 일관된 행동을 유지하려고 하는 경향이 있다.

예시

한 자선 단체가 기부자들에게 "저희 단체를 지지하시겠습니까?"라고 물어본 후, 동의를 얻는 경우를 생각해 보자. 그 후, 그 단체는 기부를 요청할 때 "당신은 저희 단체를 지지한다고 하셨습니다. 이제 기부로 지지를 표현해 주세요."라고 말할 수 있다. 기부자는 자신이 지지한다고 말한 것을 일관되게 행동으로 옮기려고 할 것이다.

또 다른 예로, 한 피트니스 클럽이 신규 회원에게 "1주일 동안 무료로 이용해 보세요."라고 제안한 후, 1주일이 지난 후 회원권을 구매하라고 권유하는 경우를 생각해 보자. 이미 클럽을 이용해 본 사람은 일관성의 원리에 따라 계속해서 클럽을 이용하려는 경향이 생길 확률이 높다.

사회적 증거의 원리(Social Proof)

사회적 증거의 원리는 사람들이 다른 사람들이 하는 행동을 보고 자신도 따라 하려는 경향을 이용한 것인데 이는 특히 사람들이 어떤 행동을 해야 할지 확신이 서지 않을 때 더욱 강하게 작용하게 된다.

예시

한 식당이 항상 붐비고 있다는 사실은 그 식당의 음식이 맛있다는 사회적 증거가 될 수 있다. 많은 사람들이 그 식당을 선택하는 것을 보고, 새로운 고객들도 그 식당을 선택하게 될 수 있다. 또 다른 예로, 한 온라인 쇼핑몰이 "이 제품은 1,000명이 넘는 고객들이 구매했습니다."라는 문구를 사용하면, 잠재 고객들은 많은 사람들이 이미 이 제품을 구매했다는 사실을 보고 신뢰감을 가지게 된다. 이는 사회적 증거의 원리가 작용한 것이다.

호감의 원리(Liking)

호감의 원리는 사람들이 자신이 좋아하거나 호감을 느끼는 사람의 제안을 더 쉽게 받아들이는 경향을 이용한 것이다. 사람들은 자신과 유사한 사람, 칭찬을 해주는 사람, 외모가 매력적인 사람 등을 더 좋아하게 되는 경향이 있다.

예시

한 부동산 중개인이 고객과 유대감을 형성하기 위해 비슷한 관심사를 이야기하고, 친절하게 대화하는 경우를 생각해 보자. 고객은 그 중개인에게 호감을 느끼게 되고, 그의 제안을 더 쉽게 받아들일 것이다. 또 다른 예로, 한 화장품 회사가 매력적인 모델을 사용하여 제품을 광고하는 경우를 생각해 보자. 소비자들은 그 모델에게 호감을 느끼고, 따라서 그 제품에도 긍정적인 감정을 가지게 된다. 이는 호감의 원리가 작용한 것이다.

권위의 원리(Authority)

권위의 원리는 사람들이 권위 있는 사람이나 전문가의 의견을 더 신뢰하고 따르는 경향을 이용한 것이다. 사람들은 권위 있는 사람이 추천하는 제품이나 서비스를 더 신뢰하게 된다.

예시

한 대학 교수나 연구자가 특정 건강 보조제를 추천하는 경우를 생각해 볼 수 있다. 소비자들은 그 교수나 연구자의 전문 지식을 신뢰하고, 그 보조제를 구매하게 되는데, 이는 권위의 원리가 작용한 것이다.

희소성의 원리(Scarcity)

희소성의 원리는 사람들이 희소한 자원을 더 가치 있게 여기고, 더 강하게 원하게 되는 경향을 이용한 것이다. 사람들은 '곧 사라질지도 모른다.'라는 생각에 더 강한 구매 욕구를 느끼게 된다.

예시

한 상점이 "한정 수량 판매"나 "오늘만 할인"이라는 문구를 사용하여 제품을 판매하는 경우를 생각해 보자. 고객들은 그 제품을 곧 구매하지 않으면 기회를 놓칠 것이라고 생각하고, 더 빠르게 구매 결정을 내리게 된다. 또 다른 예로, 한 온라인 쇼핑몰이 "현재 재고 다섯 개 남음"이라는 알림을 제공하는 경우를 생각해 볼 수 있다. 소비자들은 그 제품이 곧 매진될 것이라고 생각하고, 구매를 서두르게 되는데, 이는 희소성의 원리가 작용한 것이라고 볼 수 있다.

감정적 연결과 논리적 설득의 균형

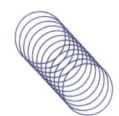

우리는 사람을 설득할 때 두 가지 중요한 요소를 사용하게 된다. 감정적 연결과 논리적 설득이다. 이 두 가지 요소는 각각 강력한 힘을 가지고 있지만, 효과적으로 설득하려면 이 둘을 균형 있게 활용해야 한다. 감정적인 접근은 사람들의 마음을 움직이지만, 논리적인 설득은 그 마음을 행동으로 옮기게 만든다. 이제, 감정적 연결과 논리적 설득을 균형 있게 사용하는 방법에 대해 다양한 예시와 함께 살펴보도록 하자.

감정적 연결의 중요성

감정적 연결은 사람들의 마음을 움직이고, 그들이 공감할 수 있도록 만드는 것이다. 우리는 모두 감정에 의해 크게 영향을 받으며, 이는 우리의 결정을 좌우하기도 한다. 감정적 연결을 통해 우리는 다른 사람과의 유대감을 형성하고, 그들이 우리의 메시지에 더 잘 반응하도록 할 수 있다.

예시

한 자선 단체가 기부를 요청할 때 단순히 "기부해 주세요."라고 말하는 것보다 "이 아이들이 따뜻한 집에서 잘 수 있도록 도와주세요."라고 이야기하는 것이 더 효과적일 수 있다. 이 메시지는 감정적인 공감을 불러일으키고, 사람들이 기부하도록 유도한다.

논리적 설득의 중요성

논리적 설득은 사람들의 이성에 호소하는 것을 말한다. 이는 사실, 데이터, 논리적인 주장을 통해 사람들을 설득하는 방법이다. 논리적 설득은 사람들이 결정을 내릴 때 신뢰할 수 있는 정보를 제공하고, 그들이 합리적으로 생각하게 만든다.

예시

한 기술 회사가 새로운 제품을 출시하면서 "이 제품은 기존 제품보다 20% 더 빠릅니다."라고 말하는 경우, 이는 논리적인 설득이다. 이러한 데이터는 고객이 제품을 선택하는 데 있어 중요한 역할을 한다.

감정적 연결과 논리적 설득의 균형

감정적 연결과 논리적 설득을 균형 있게 사용하는 것이 중요하다. 감정적인 접근만으로는 사람들을 일시적으로 움직일 수 있지만, 논리적인 설득이 뒷받침되지 않으면 지속적인 행동으로 이어지기 어렵다. 반대로, 논리적인 설득만으로는 사람들의 마음을 움직이기 어렵다. 이 둘을 조화롭게 사용하면 더욱 효과적으로 사람들을 설득할 수 있다.

예시

한 환경 보호 단체가 캠페인을 진행할 때 "지구를 지키자."라는 감정적인 메시지와 함께 "매년 800만 톤의 플라스틱이 바다로 흘러갑니다."라는 논리적인 데이터를 함께 제공하는 경우, 사람들은 더 강한 설득을 느끼게 된다. 이처럼 감정적 연결과 논리적 설득을 균형 있게 사용하면, 사람들은 마음으로 느끼고 머리로 이해하게 된다.

감정적 연결: 이야기의 힘

감정적 연결을 강화하는 한 가지 방법은 이야기(Storytelling)를 활용하는 것이다. 이야기는 사람들의 감정을 자극하고, 그들이 더 깊이 공감하도록 만들 수 있다.

예시

한 자동차 회사가 새로운 안전 기능을 홍보할 때 단순히 기술적인 사양을 나열하는 것보다, 실제로 그 기능이 한 가족의 생명을 구한 이야기로 접근하는 것이 더 효과적일 수 있다. "우리의 새로운 충돌 방지 시스템은 작년에 한 가족의 생명을 구했습니다. 그들이 지금도 행복하게 함께할 수 있도록 도와주세요."라는 메시지는 감정적인 공감을 불러일으키고, 사람들에게 더 깊은 인상을 남긴다.

논리적 설득: 데이터와 증거

논리적 설득을 강화하는 방법은 데이터와 증거를 제시하는 것인데, 이는 사람들에게 신뢰할 수 있는 정보를 제공하고, 그들이 합리적으로 결정을 내릴 수 있도록 돕는다.

예시

한 건강 보조제 회사가 제품의 효과를 홍보할 때 "이 보조제를 복용한 사람들의 90%가 면역력이 향상되었습니다."라는 통계 데이터를 제시하는 경우, 사람들은 그 제품의 효과를 더 신뢰하게 된다. 이러한 데이터는 논리적인 설득을 강화하고, 사람들의 신뢰를 얻는 데 도움이 된다.

감정적 연결과 논리적 설득의 사례

한 비영리 단체가 기부를 요청하는 캠페인을 진행하는 경우를 생각해 보자. 이 단체는 한 아이의 이야기를 통해 감정적인 연결을 시도한다. "이 아이는 매일 학교에 가기 위해 10km를 걸어야 합니다. 여러분의 도움으로 이 아이에게 자전거를 선물할 수 있습니다."라는 메시지는 사람들의 마음을 움직일 수 있다. 동시에, "지난해 여러분의 기부로 500명의 아이들이 자전거를 받았습니다."라는 데이터를 제공하여 논리적인 설득을 강화한다. 이 둘의 조화는 사람들을 감동시키고, 기부를 유도하게 된다.

또 다른 예로, 한 친환경 제품 회사가 자사의 제품을 홍보할 때 "이 제품을 사용하면 매년 1,000리터의 물을 절약할 수 있습니다."라는 논리적인 데이터를 제공하면서, "우리의 지구를 지키기 위해 작은 변화를 시작해 보세요."라는 감정적인 메시지를 함께 전달한다. 이 회사는 데이터를 통해 제품의 효과를 증명하면서도, 감정적인 메시지로 고객의 마음을 움직인다.

감정적 연결과 논리적 설득의 균형을 맞추는 방법

감정적 연결과 논리적 설득을 균형 있게 맞추는 방법은 여러 가지가 있다. 첫째, 감정적인 이야기를 통해 사람들의 공감을 불러일으키고, 그 이야기를 뒷받침할 수 있는 데이터를 제공하는 것이다. 둘째, 사람들의 감정을 자극하는 비주얼 요소를 활용하고, 이를 논리적인 설명과 함께 제시하는 것이다. 셋째, 사람들의 개인적인 경험과 관련된 이야기를 통해 감정적 연결을 강화하고, 그 경험을 뒷받침할 수 있는 증거를 제공하는 것이다.

감정적 연결과 논리적 설득의 실제 적용

한번은 한 마트 체인이 자사의 농산물을 홍보하는 캠페인을 진행한 사례가 있습니다. 이 체인은 공정 무역이 어떻게 농부들의 삶을 개선하고 있는지에 대한 감동적인 이야기를 전달했다. "이 농산물을 구매함으로써, 당신은 한 농부 가족의 삶을 변화시킬 수 있습니다."라는 메시지는 고객들의 감정을 자극했다. 동시에, "농산물을 구매함으로써, 농부들에게 더 공정한 대가를 지급합니다."라는 데이터를 제공하여 논리적인 설득을 강화했다. 이러한 균형 잡힌 접근은 많은 고객들이 농산물을 선택하도록 유도했다.

또 다른 예로, 한 헬스케어 회사가 새로운 운동 프로그램을 홍보할 때 감정적인 이야기와 논리적인 데이터를 함께 활용한 경우를 생각해 볼 수 있다. 이 회사는 '이 프로그램을 통해 한 남성이 체중을 감량하고 건강을 회복한 이야기'를 감동적으로 전달했다. 동시에, "이 프로그램을 통해 80%의 참가자가 체중 감량에 성공했습니다."라는 통계 데이터를 제공하여 논리적인 설득을 강화했고, 이러한 접근은 사람들에게 더 큰 신뢰를 주었고, 많은 사람들이 프로그램에 참여하게 되었다.

감정적 연결과 논리적 설득의 균형을 맞추는 전략

감정적 연결과 논리적 설득을 균형 있게 맞추기 위해서는 몇 가지 전략이 필요하다. 첫째, 감정적인 이야기를 먼저 전달하고, 그 후에 논리적인 데이터를 제공하는 것이다. 이는 사람들의 감정을 먼저 자극한 후, 그들이 이성적으로 결정을 내릴 수 있도록 돕는 방식이다. 둘째, 비주얼 요소를 활용하여 감정적인 메시지를 강화하고, 이를 뒷받침할 수 있는 데이터를 함께 제공하는 것이다. 셋째, 사람들의 개인적인 경험과 관련된 이야기를 통해 감정적 연결을 강화하고, 그 경험을 뒷받침할 수 있는 증거를 제공하는 것이다.

스토리텔링은 이렇게!

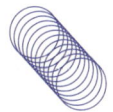

스토리텔링은 단순히 정보를 전달하는 것 이상의 힘을 가지고 있다. 이는 사람들의 감정을 자극하고, 그들이 메시지에 깊이 공감하도록 만든다. 비즈니스, 마케팅, 교육 등 다양한 분야에서 효과적인 스토리텔링은 중요한 역할을 한다. 이제, 효과적인 스토리텔링 기법에 대해 이야기하면서, 이를 흥미롭게 전달할 수 있는 다양한 예시를 살펴보도록 하자.

훅으로 시작하기

효과적인 스토리텔링의 첫 번째 기법은 독자의 관심을 즉시 사로잡는 훅(Hook)으로 시작하는 것이다. 훅은 독자가 이야기에 몰입하도록 만드는 요소이다. 이를 통해 독자는 이야기에 빠져들게 되고, 끝까지 읽고자 하는 욕구를 느끼게 될 것이다.

예시

한 비영리 단체가 환경 보호 캠페인을 진행한다고 가정해 보자. "여러분, 우리가 사라지게 만들고 있는 한 가지 동물이 있습니다. 바로 여러분의 무심한 행동으로 인해 사라지고 있는 '빨간 팬더'입니다."라는 훅으로 시작하면 독자들은 궁금증을 느끼고 계속 읽고자 할 것이다.

감정적 연결

스토리텔링에서 감정적 연결을 만드는 것은 매우 중요하다. 독자가 이야기 속 인물이나 상황에 공감할 수 있도록 만드는 것이 핵심이다. 이를 통해 독자는 이야기와 깊이 연결되고, 메시지를 더 강하게 느끼게 된다.

예시

한 자동차 회사가 새로운 안전 기능을 홍보하려고 할 때, "새로운 충돌 방지 시스템이 장착된 우리의 차량이 한 가족의 생명을 구했습니다. 그날 밤, 한 아버지는 그의 아들이 여전히 살아 있는 것을 보고 눈물을 흘렸습니다."라는 감정적인 이야기를 통해 독자들은 그 기능의 중요성을 느끼게 될 수 있다.

구체적인 디테일

이야기를 생동감 있게 만들기 위해서는 구체적인 디테일이 필요하다. 디테일은 독자가 이야기를 더 쉽게 상상하고 몰입할 수 있도록 도와준다. 장소, 시간, 인물의 묘사 등을 통해 이야기를 더욱 생생하게 만들 수 있다.

예시

한 여행사가 고객에게 새로운 여행 패키지를 소개할 때, "여러분은 햇살이 눈부신 바르셀로나의 해변에서 따뜻한 모래를 느끼며 휴식을 취하고, 저녁이 되면, 고딕 양식의 대성당 앞 광장에서 현지 예술가들의 공연을 즐길 수 있습니다."라는 구체적인 디테일을 제공하면, 고객들은 그 여행을 상상하고 흥미를 느끼게 된다.

갈등과 해결

효과적인 이야기는 갈등과 그 해결 과정을 포함해야 한다. 갈등은 독자의 흥미를 유발하고, 해결 과정은 이야기의 클라이맥스를 제공하여 독자에게 만족감을 준다. 갈등과 해결은 이야기를 구조화하고, 독자가 메시지를 더 명확하게 이해할 수 있도록 도와준다.

한 스타트업 회사가 자사의 성공 이야기를 공유할 때, "우리는 처음에 자금을 확보하는 데 큰 어려움을 겪었습니다. 투자자들은 우리의 아이디어를 이해하지 못했고, 우리는 여러 번의 실패를 경험했습니다. 그러나 우리는 포기하지 않았고, 결국 우리의 열정과 노력으로 첫 투자를 받게 되었습니다."라는 갈등과 해결 과정을 통해 독자들은 그 회사의 성공에 대한 감동을 느끼게 될 것이다.

인물 중심의 이야기

인물 중심의 이야기는 독자가 이야기 속 인물과 감정적으로 연결될 수 있도록 만들어 준다. 주인공의 감정, 고민, 결정을 통해 독자는 이야기에 더 깊이 빠져들게 된다. 인물 중심의 이야기는 독자가 주인공의 여정을 따라가며, 메시지를 더 강하게 느끼게 한다.

어느 한 교육 기관이 학생들의 성취를 홍보할 때, "나영이는 처음에 수학을 어려워했습니다. 매일 밤늦게까지 공부했지만, 성적은 오르지 않았습니다. 그러나 우리 프로그램을 통해 나영이는 점차 자신감을 얻었고, 결국 전국 수학 경시대회에서 1등을 차지했습니다."라는 인물 중심의 이야기를 통해 독자들은 나영이의 여정을 공감하게 될 것이다.

감각적인 묘사

감각적인 묘사는 독자가 이야기를 더 생생하게 느끼도록 만들어 주는 효과가 있다. 시각, 청각, 촉각, 후각, 미각 등 다양한 감각을 활용하여 이야기를 묘사하면, 독자는 이야기 속에 실제로 있는 것처럼 느끼게 된다.

음식점이 새로운 메뉴를 소개할 때, "따뜻한 햇살이 비치는 테라스에서, 신선한 바질과 토마토의 향기가 가득한 파스타를 한 입 먹으면, 입안 가득 퍼지는 풍부한 맛을 느낄 수 있습니다."라는 감각적인 묘사를 통해 독자들은 그 음식을 먹고 싶은 욕구를 느끼게 될 것이다.

간결하고 명확한 메시지

효과적인 스토리텔링은 간결하고 명확한 메시지를 전달해야 한다. 너무 복잡하거나 장황한 이야기는 독자의 관심을 잃게 만들 수 있다. 핵심 메시지를 명확하게 전달하면서도, 불필요한 부분을 생략하는 것이 중요하다.

예시

한 보험 회사가 고객에게 새로운 보험 상품을 소개할 때, "이 보험은 여러분의 가족을 보호합니다. 예기치 않은 사고나 질병으로부터 경제적 부담을 덜어드립니다."라는 간결하고 명확한 메시지를 통해 독자들은 그 보험 상품의 중요성을 쉽게 이해할 수 있다.

반복과 리듬

반복과 리듬은 이야기를 더욱 기억에 남게 만든다. 중요한 메시지를 반복하거나, 리듬감 있게 문장을 구성하면 독자는 이야기를 더 잘 기억하게 된다.

한 환경 보호 단체가 캠페인을 진행할 때, "지구를 지키기 위해, 우리의 미래를 지키기 위해, 지금 행동해야 합니다."라는 반복적인 구조를 통해 독자들은 그 메시지를 더 강하게 기억하게 될 것이다.

강력한 결말

이야기의 결말은 독자에게 큰 영향을 미친다. 강력한 결말은 독자에게 깊은 인상을 남기고, 그들이 이야기의 메시지를 잊지 않도록 만든다. 결말은 이야기를 마무리하면서도, 독자에게 생각할 거리를 제공해야 한다.

예시

한 비영리 단체가 기부를 요청하는 캠페인을 진행할 때, "여러분의 작은 기부가 한 아이의 인생을 바꿀 수 있습니다. 지금 행동하세요."라는 강력한 결말을 통해 독자들은 기부의 중요성을 깨닫고, 실제로 기부를 하도록 유도할 수 있다.

실제 사례를 통한 스토리텔링

실제 사례를 통해 효과적인 스토리텔링 기법을 다시 한번 확인해 보도록 하자.

예시

한 마트 체인은 자사의 농산물을 홍보하기 위해 다음과 같은 이야기를 전달했다. "전라도 작은 마을에서 한 농부가 있습니다. 그의 이름은 김재규 씨입니다. 김재규 씨는 매일 새벽부터 일어나 과수원을 돌보며 가족의 생계를 책임집니다. 공정 무역 덕분에 김재규 씨는 정당한 대가를 받고, 그의 아이들은 학교에 다닐 수 있게 되었습니다. 여러분이 이 농산물을 선택함으로써, 김재규 씨와 그의 가족을 돕게 됩니다." 이 이야기는 감정적인 연결과 구체적인 디테일을 통해 독자들에게 강한 인상을 남기고, 공정 농산물의 중요성을 전달했다.

또 다른 예로, 한 헬스케어 회사가 새로운 운동 프로그램을 홍보할 때, "덕이 씨는 출산 후 체중 감량에 어려움을 겪고 있었습니다. 그녀는 우리의 프로그램을 시작한 후, 매주 조금씩 변화하는 자신의 모습을 보며 희망을 얻었습니다. 6개월 후, 덕이 씨는 20kg을 감량하고 자신감을 되찾았습니다. 이 프로그램은 단순한 다이어트가 아니라, 삶의 변화를 가져다줍니다."라는 이야기를 통해 감정적 연결과 논리적 설득을 균형 있게 사용했다.

잘못된 스토리텔링의 예시와 그로 인한 결과

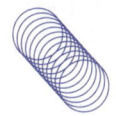

　스토리텔링은 정보를 전달하고 감정을 자극하는 강력한 도구이다. 하지만 잘못된 스토리텔링은 오히려 부정적인 결과를 초래할 수 있다. 이제, 잘못된 스토리텔링의 예시 5가지를 통해 그로 인한 문제점과 해결 방법을 살펴보도록 하자.

너무 장황한 이야기

　첫 번째 잘못된 스토리텔링의 예시는 너무 장황한 이야기이다. 길고 복잡한 이야기는 독자의 관심을 잃게 만들고, 핵심 메시지를 전달하는 데 실패할 수 있다.

예시

한 기술 회사가 새로운 제품을 홍보하려고 할 때, 제품의 기술 사양과 기능을 장황하게 설명하는 경우를 생각해 보자. "우리의 새로운 스마트폰은 6.1인치 19.5:9 비율의 2556×1179(460ppi) 해상도, AMOLED 방식의 Super Retina XDR 디스플레이, RAM은 LPDDR5X SDRAM 방식이며⋯."라는 식으로 끝없이 나열하면, 고객은 지루함을 느끼고 제품에 대한 관심을 잃게 될 것이다.

해결 방법

핵심 기능과 이점을 간결하고 명확하게 전달하자. 예를 들어, "우리의 새로운 스마트폰은 빠른 속도와 뛰어난 카메라 성능을 제공합니다. 놀라운 디스플레이로 더욱 생생한 경험을 즐기세요."라는 식으로 요점을 간결하게 전달하는 것이 좋다.

공감할 수 없는 이야기

두 번째 잘못된 스토리텔링의 예시는 독자가 공감할 수 없는 이야기이다. 독자가 공감하지 못하면, 이야기는 그들에게 큰 의미를 주지 못할 것이다.

예시

한 자동차 회사가 새로운 럭셔리 모델을 홍보하면서, "이 차는 상류층의 삶을 상징합니다. 최고급 가죽 시트와 금도금 장식이 특징입니다."라는 이야기를 전달한다면, 대부분의 일반 소비자들은 그 이야기에 공감하지 못할 확률이 높다. 이는 제품에 대한 관심을 떨어뜨릴 수 있다.

해결 방법

독자가 공감할 수 있는 이야기를 만들어야 한다. 예를 들어, "이 차는 가족 여행을 위한 넓은 공간과 안전 기능을 갖추고 있습니다. 당신의 소중한 순간을 더욱 특별하게 만들어 드립니다."라는 이야기를 통해 더 많은 사람들이 공감할 수 있도록 해야 한다.

모호한 메시지

세 번째 잘못된 스토리텔링의 예시는 모호한 메시지이다. 독자가 이야기를 통해 무엇을 얻고자 하는지 명확하지 않으면, 그 이야기는 효과적이지 못할 것이다.

예시

건강 보조제 회사가 "이 보조제는 여러분의 건강을 지켜줍니다. 더 나은 삶을 위해 필요합니다."라는 모호한 메시지를 전달하면, 독자는 이 제품이 구체적으로 어떻게 도움이 되는지 이해하지 못할 수 있다.

해결 방법

명확하고 구체적인 메시지를 전달하자. 예를 들어, "이 보조제는 면역력을 강화하고 피로 회복을 돕는 역할을 합니다. 하루 한 알로 건강한 생활을 시작하세요."라는 구체적인 메시지를 통해 독자가 제품의 이점을 명확히 이해할 수 있도록 해야 한다.

비현실적인 이야기

네 번째 잘못된 스토리텔링의 예시는 비현실적인 이야기이다. 너무 과장되거나 현실성 없는 이야기는 독자의 신뢰를 잃게 만드는 요인이 될 수 있다.

예시

한 다이어트 제품 회사가 "이 제품을 사용하면 1주일 만에 10kg을 감량할 수 있습니다!"라는 비현실적인 주장을 한다면, 대부분의 사람들은 그 이야기를 신뢰하지 않을 것이다. 이는 제품에 대한 부정적인 인식을 초래할 수 있다.

해결 방법

현실적이고 신뢰할 수 있는 이야기로 전달하자. 예를 들어, "이 제품을 통해 건강한 식단과 운동을 병행하면, 한 달에 2~3kg의 감량을 기대할 수 있습니다."라는 현실적인 목표를 제시하는 것이 좋다.

감정이 결여된 이야기

다섯 번째 잘못된 스토리텔링의 예시는 감정이 결여된 이야기이다. 감정이 없는 이야기는 독자에게 큰 인상을 주지 못하고, 기억에 남지 않는다.

예시
한 비영리 단체가 기부를 요청하면서 "저희 단체는 매년 수백 명의 아이들을 돕고 있습니다. 기부해 주세요."라는 감정이 결여된 메시지를 전달하면, 사람들은 그 이야기에 크게 감동하지 않을 것이다.

해결 방법
감정적인 요소를 포함하여 독자의 마음을 움직여 보자. 예를 들어, "작년, 여러분의 기부 덕분에 용인에 사는 나영이가 학교에 갈 수 있게 되었습니다. 나영이는 이제 꿈을 꾸며, 더 나은 미래를 향해 나아가고 있습니다. 여러분의 작은 도움이 큰 변화를 만들 수 있습니다."라는 감동적인 이야기를 전달하는 것이 좋다.

잘못된 스토리텔링은 독자의 관심을 잃게 만들고, 메시지를 효과적으로 전달하는 데 실패할 수 있다. 너무 장황한 이야기, 공감할 수 없는 이야기, 모호한 메시지, 비현실적인 이야기, 감정이 결여된 이야기는 모두 잘못된 스토리텔링의 예시라고 할 수 있겠다. 이러한 문제를 해결하기 위해서는 간결하고 명확한 메시지를 전달하고, 독자가 공감할 수 있는 현실적이고 감정적인 이야기를 만들어야 한다.

다양한 고객 유형과
그들의 심리적 특성

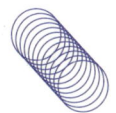

비즈니스 세계에서 고객을 이해하는 것은 성공의 열쇠이다. 모든 고객이 동일한 방식으로 행동하거나 생각하지 않기 때문에, 다양한 고객 유형과 그들의 심리적 특성을 이해하는 것이 중요하다. 이를 통해 우리는 더 효과적으로 고객과 소통하고, 그들의 요구에 맞는 맞춤형 서비스를 제공할 수 있을 것이다. 이제, 다양한 고객 유형과 그들의 심리적 특성에 대해 이야기하면서, 적절한 예시를 통해 이 주제를 깊이 탐구해 보도록 하자.

분석적 고객(Analytical Customers)

분석적 고객은 데이터를 중시하고, 철저한 조사와 비교를 통해 결정을 내린다. 이들은 신중하게 선택하며, 모든 세부 사항을 확인하고, 명확한 정보와 증거를 바탕으로 행동한다.

특성
논리적, 사실 기반, 신중함, 철저한 조사

예시
한 전자 제품 매장에서 분석적 고객이 새로운 노트북을 구입하려고 한다. 이 고객은 제품 사양, 가격, 리뷰 등을 철저히 비교하며, 각 브랜드의 장단점을 분석한다. 그들은 "이 제품은 16GB RAM과 256GB SSD를 갖추고 있어요. 그런데 다른 제품은 동일한 가격에 500GB SSD를 제공하네요."라고 말할 것이다.

대응 전략
분석적 고객에게는 상세한 제품 정보와 비교 자료를 제공하는 것이 중요하다. 명확한 데이터와 테스트 결과를 제시하며, 그들의 질문에 정확하게 답변하는 것이 효과적일 것이다. 예를 들어, "이 모델은 최신 프로세서를 탑재하여 속도가 빠르고, 배터리 수명이 길어 오래 사용할 수 있습니다."라는 식으로 설명하는 것이 좋다.

표현적 고객(Expressive Customers)

표현적 고객은 감정적이고 외향적이며, 사람들과의 상호작용을 중시한다. 이들은 새로운 경험과 트렌드를 즐기며, 제품의 스타일과 브랜드 이미지를 중요하게 생각한다.

특성
외향적, 감정적, 창의적, 트렌드 지향

예시
한 패션 매장에서 표현적 고객이 옷을 고르고 있다. 이 고객은 "이 옷이 정말 예뻐요! 친구들에게 이 옷을 입고 자랑할 수 있을 것 같아요."라고 말하며, 옷의 스타일과 색상에 주목한다. 그들은 브랜드의 이미지와 최신 패션 트렌드에 민감하다.

대응 전략
표현적 고객에게는 제품의 스타일과 감성적인 요소를 강조하는 것이 중요하다. 제품의 유니크함과 트렌드를 소개하고, 그들이 자랑할 수 있는 요소를 강조한다. 예를 들어, "이 옷은 이번 시즌 최신 트렌드이며, 특별한 이벤트에서도 돋보일 것입니다."라는 식으로 설명하는 것이 효과적이다.

지시적 고객(Directive Customers)

지시적 고객은 결정력이 강하고, 목표 지향적이다. 이들은 빠르고 효율적인 결정을 선호하며, 명확한 방향성과 목표를 가지고 행동한다. 이러한 고객은 주로 비즈니스 리더나 경영자에게서 자주 볼 수 있다.

특성

결정력 강함, 목표 지향적, 효율적, 주도적

예시

한 자동차 매장에서 지시적 고객이 새로운 차량을 구매하려고 한다. 이 고객은 "저는 빠르고 안전한 차량이 필요합니다. 이 모델이 그런 요구를 충족시킬 수 있나요?"라고 질문한다. 그들은 신속한 결정을 선호하며, 복잡한 설명보다는 간결하고 명확한 정보를 원한다.

대응 전략

지시적 고객에게는 명확하고 간결한 정보를 제공하는 것이 중요하다. 그들의 시간과 효율성을 존중하며, 빠르고 정확한 답변을 제공한다. 예를 들어, "이 모델은 최고 속도가 빠르고, 최신 안전 기능을 갖추고 있어 고객님의 요구를 완벽히 충족시킬 수 있습니다."라는 식으로 설명하는 것이 좋다.

친화적 고객(Amiable Customers)

친화적 고객은 사람들과의 관계를 중시하며, 협력적이고 신뢰를 바탕으로 행동한다. 이들은 편안한 환경과 친절한 서비스를 중요하게 생각하며, 타인의 의견을 존중한다.

특성
관계 지향적, 협력적, 신뢰 중시, 타인 존중

예시
한 가구 매장에서 친화적 고객이 새로운 소파를 찾고 있다. 이 고객은 "이 소파가 가족들이 함께 편안하게 쉴 수 있는지 궁금해요. 친구들이 집에 올 때도 편안해야 하거든요."라고 말한다. 그들은 제품의 편안함과 가족, 친구들과의 관계를 중요하게 생각한다.

대응 전략
친화적 고객에게는 편안하고 따뜻한 분위기를 제공하는 것이 중요하다. 그들의 의견을 경청하고, 제품이 어떻게 그들의 생활에 긍정적인 영향을 미칠 수 있는지를 설명해야 한다. 예를 들어, "이 소파는 부드러운 쿠션과 넓은 좌석을 제공하여 가족과 친구들이 함께 편안하게 쉴 수 있습니다."라는 식으로 설명하는 것이 좋다.

탐구적 고객(Exploratory Customers)

탐구적 고객은 호기심이 많고, 새로운 경험을 즐기며, 다양한 옵션을 탐색하는 경향이 있다. 이들은 창의적이고 혁신적인 제품을 선호하며, 실험적인 접근을 즐긴다.

특성
호기심 많음, 창의적, 혁신적, 탐색적

예시
한 전자 제품 매장에서 탐구적 고객이 스마트 홈 기기를 찾고 있다. 이 고객은 "이 스마트 조명 시스템은 어떻게 작동하나요? 다른 기능도 있는지 알고 싶어요."라고 질문한다. 그들은 다양한 기능과 새로운 기술에 관심이 많다.

대응 전략
탐구적 고객에게는 제품의 혁신적인 기능과 다양한 옵션을 강조하는 것이 중요하다. 그들의 호기심을 자극하고, 새로운 기술이 어떻게 그들의 생활을 개선할 수 있는지를 설명한다. 예를 들어, "이 스마트 조명 시스템은 음성 제어와 자동화 기능을 제공하여, 집안을 더욱 편리하고 스마트하게 만들어 줍니다."라는 식으로 설명하는 것이 좋다.

충동적 고객(Impulsive Customers)

충동적 고객은 즉흥적이고 감정에 따라 결정을 내리는 경향이 있다. 이들은 즉각적인 만족을 추구하며, 빠른 구매 결정을 내린다. 할인, 프로모션, 한정판 제품 등에 쉽게 끌린다.

특성
즉흥적, 감정적, 즉각적 만족 추구, 프로모션 민감

예시
한 패션 매장에서 충동적 고객이 갑작스럽게 새 옷을 구입하려고 한다. 이 고객은 "이 드레스 너무 예뻐요! 지금 당장 사고 싶어요."라고 말하며, 옷을 입어 보고 바로 구매를 결정하게 된다. 그들은 세일이나 특별 할인에 민감하게 반응한다.

대응 전략
충동적 고객에게는 빠르고 긍정적인 구매 경험을 제공하는 것이 중요하다. 즉각적인 만족을 제공할 수 있는 프로모션과 한정판 제품을 강조하고, 신속한 결제 과정을 제안해야 한다. 예를 들어, "지금 이 드레스를 구매하시면 20% 할인을 받을 수 있습니다. 이 기회를 놓치지 마세요."라는 식으로 설명하는 것이 효과적일 수 있다.

이처럼 다양한 고객 유형에 따른 맞춤형 세일즈 접근법은 고객의 만족도를 높이고, 비즈니스의 성공을 이끄는 중요한 전략이라고 하겠다. 고객의 특성과 요구를 이해하고, 그에 맞는 서비스를 제공함으로써, 우리는 더 효과적으로 고객과 소통하고, 지속적인 관계를 형성할 수 있다. 이를 통해 비즈니스는 더욱 견고하고 성공적인 길을 걸어갈 수 있을 것이다.

고객의 거절과 거부감 이해하기

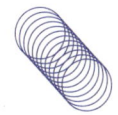

고객의 거절과 거부감은 세일즈 과정에서 흔히 마주하는 도전이다. 이들은 단순히 제품이나 서비스에 대한 관심 부족을 의미하는 것이 아니라, 고객의 심리적, 상황적 이유로부터 발생할 수 있다. 고객의 거절과 거부감을 이해하고 효과적으로 대응하는 것은 성공적인 세일즈의 중요한 요소라고 할 수 있겠다. 이제, 고객의 거절과 거부감을 이해하는 방법과 이에 대한 대응 전략을 다양한 예시와 함께 이야기해 보도록 하자.

고객의 거절과 거부감의 원인

고객의 거절과 거부감은 여러 가지 원인으로 발생할 수 있다.

이는 가격, 제품의 필요성, 품질, 신뢰성, 경쟁 제품, 고객의 개인적 경험 등 다양한 요인에 의해 좌우된다. 이러한 거절과 거부감의 근본적인 원인을 이해하는 것이 중요하다.

예시

한 전자 제품 매장에서 고객이 새로운 스마트폰을 구매하려고 한다. 그러나 고객은 "이 가격은 너무 비싸요. 더 저렴한 옵션이 있나요?"라고 거절한다. 이 거절은 가격에 대한 우려에서 비롯된 것이다. 다른 고객은 "저는 이 브랜드를 신뢰하지 않아요. 예전에 안 좋은 경험이 있었거든요."라고 말할 수도 있다. 이는 과거 경험에 기인한 거부감이다.

거절과 거부감의 종류

고객의 거절과 거부감은 여러 가지 형태로 나타날 수 있다. 주요 유형으로는 가격에 대한 거절, 제품의 필요성에 대한 의문, 경쟁 제품과의 비교, 시간 부족, 신뢰성 문제 등이 있다.

예시

한 피트니스 클럽에서 고객이 회원권을 구매하려고 한다. 그러나 고객은 "지금은 시간이 없어서 운동할 수 없어요."라고 거절한다. 이는 시간 부족에 대한 거절이다. 또 다른 고객은 "이 클럽보다 더 좋은 시설을 가진 곳이 있습니다."라고 말할 수도 있다. 이는 경쟁 제품과의 비교에서 발생한 거절이다.

가격 거절에 대한 이해와 대응

가격은 고객이 거절하는 주요 원인 중 하나이다. 고객은 제품이나 서비스의 가격이 너무 높다고 느끼면 구매를 망설이게 된다. 가격 거절은 고객이 가격 대비 가치를 충분히 이해하지 못했을 때 주로 발생한다.

예시

한 자동차 매장에서 고객이 "이 차는 너무 비싸요. 다른 브랜드의 차가 더 저렴해요."라고 거절한다. 이때 판매원은 "이 차량은 최신 안전 기능과 연료 효율성을 갖추고 있어 장기적으로 더 큰 가치를 제공합니다. 또한, 5년간의 무료 유지보수 서비스를 포함하고 있어 추가 비용을 절감할 수 있습니다."라고 거절을 처리할 수 있다.

필요성에 대한 의문

고객이 제품이나 서비스의 필요성을 느끼지 못하면 구매를 거부할 수 있다. 이는 고객이 자신의 문제를 해결하는 데 있어 그 제품이 얼마나 유용한지를 이해하지 못했을 때 발생하게 된다.

예시

한 가정용 정수기 판매원이 고객에게 제품을 소개하고 있을 때, 고객이 "우리 집에는 이미 필터가 설치되어 있어요. 이 제품이 정말 필요할까요?"라고 거절한다. 이때 판매원은 "이 정수기는 기존 필터보다 더 높은 정화 능력을 가지고 있으며, 미세한 불순물까지 제거합니다. 가족의 건강을 위해 최적의 선택이 될 것입니다."라고 거절에 대응할 수 있겠다.

경쟁 제품과의 비교

고객이 다른 제품과 비교하면서 반대하는 경우도 흔하다. 이는 고객이 다른 제품이 더 우수하거나 가치 있다고 생각할 때 발생한다.

예시

한 스마트폰 매장에서 고객이 "이 브랜드보다 다른 브랜드의 제품이 더 많은 기능을 제공해요."라고 거절한다. 이때 판매원은 "맞습니다. 그러나 이 브랜드는 사용자 친화적인 인터페이스와 뛰어난 고객 지원으로 유명합니다. 또한, 이 제품은 특히 배터리

수명이 길고, 업데이트가 정기적으로 제공됩니다."라고 대응할 수 있다. 이를 통해 고객은 그 제품의 독특한 장점을 이해하게 될 것이다.

시간 부족에 대한 반대

고객이 시간 부족을 이유로 거절하는 경우도 있다. 이는 고객이 제품이나 서비스를 이용할 충분한 시간을 가지지 못한다고 느낄 때 발생한다.

예시

한 피트니스 클럽에서 고객이 "일이 너무 바빠서 운동할 시간이 없어요."라고 반대합니다. 이때 판매원은 "저희 클럽은 24시간 운영되며, 다양한 시간대에 맞춘 수업을 제공하고 있습니다. 또한, 개인 트레이너와 함께 짧은 시간 내에 효과적인 운동 프로그램을 구성할 수 있습니다."라고 거절을 처리할 수 있겠다.

신뢰성 문제에 대한 반대

고객이 제품이나 서비스의 신뢰성에 대해 의문을 가지는 경우도 있다. 이는 고객이 브랜드나 제품에 대한 신뢰가 부족할 때 발생한다.

예시

한 보험 상담사가 고객에게 새로운 보험 상품을 소개할 때, 고객이 "이 보험 회사는 잘 모르겠어요. 신뢰할 수 있는지 의문이 드네요."라고 거절한다. 이때 상담사는 "이 보험 회사는 20년 이상의 역사를 가지고 있으며, 고객 만족도가 높은 것으로 평가받고 있습니다. 또한, 최근 고객 리뷰와 평가를 보여드리겠습니다."라고 거절에 대응할 수 있겠다.

거절과 거부감에 대한 공감과 경청

고객의 거절과 거부감을 효과적으로 처리하기 위해서는 공감과 경청이 필요하다. 고객의 의견을 존중하고, 그들의 걱정과 우려를 이해하려는 노력이 중요하다.

예시

한 소프트웨어 회사에서 고객이 "이 소프트웨어가 저희 시스템과 호환될지 걱정이에요."라고 거절할 때, 판매원은 "고객님의 걱정을 이해합니다. 저희도 비슷한 상황을 겪은 다른 고객들을 도와드린 경험이 있습니다. 시스템 호환성 테스트를 무료로 제공해 드릴 수 있습니다."라고 거절을 처리할 수 있고, 이를 통해 고객은 자신의 걱정이 이해되고 있다는 느낌을 받게 될 확률이 높아진다.

거절과 거부감에 대한 해결책 제시

거절과 거부감을 해결하기 위해서는 구체적인 해결책을 제시하는 것이 중요하다. 고객의 문제를 이해하고, 이를 해결할 수 있는 방법을 제안하는 것이 효과적일 것이다.

예시

한 교육 서비스 회사에서 고객이 "이 프로그램이 우리 아이에게 맞을지 모르겠어요."라고 거절할 때, 상담사는 "고객님의 우려를 이해합니다. 그래서 저희는 2주간의 무료 체험 기간을 제공하고 있습니다. 이 기간 동안 프로그램이 아이에게 맞는지 확인하실 수 있습니다."라고 제안할 수 있다.

거절과 거부감을 예방하는 전략

거절과 거부감을 사전에 예방하는 것도 중요하다. 이를 위해 고객의 요구와 기대를 사전에 파악하고, 이를 충족할 수 있는 정보를 제공하는 것이 필요하다.

예시

한 여행사가 새로운 여행 패키지를 홍보할 때, "이 패키지는 가족 여행을 위한 모든 편의 시설을 포함하고 있습니다. 숙박, 식사, 교통편 등이 모두 포함되어 있어 추가 비용 없이 편안하게 여행을 즐길 수 있습니다."라고 미리 설명한다. 이를 통해 고객은 추가적인 걱정 없이 결정을 내릴 수 있을 것이다.

고객의 거절과 거부감은 세일즈 과정에서 흔히 마주치는 도전이다. 이를 효과적으로 이해하고 대응하는 것은 고객의 만족도를 높이고, 성공적인 세일즈를 이루는 데 필수적이다. 가격, 필요성, 경쟁 제품, 시간 부족, 신뢰성 문제 등 다양한 원인에 의해 발생하는 거절과 거부감을 이해하고, 공감과 경청, 구체적인 해결책 제시, 예방 전략 등을 통해 대응할 수 있다.

심리적 저항을
극복하는 기술

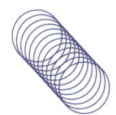

 세일즈에서 심리적 저항은 고객이 제품이나 서비스를 수용하지 않으려는 경향을 말한다. 이는 불안, 불신, 과거 경험 등 다양한 이유로 발생할 수 있는데, 이것은 심리적 저항을 이해하고 극복하는 기술을 배우는 것은 고객의 신뢰를 얻고, 성공적인 세일즈를 이끌어 내는 데 중요한 요소이다. 이제, 심리적 저항을 극복하는 다양한 기술을 이야기하면서, 적절한 예시를 통해 이 주제에 대해 심층적으로 알아가 보도록 하자.

신뢰 구축

 신뢰는 심리적 저항을 극복하는 데 중요한 요소이다. 고객이 판매자나 제품을 신뢰할 때, 그들은 더 쉽게 마음을 열고 제품이나 서비스를 수용하게 되는 경향이 있다. 신뢰를 구축하기 위해서는 정직하고 투명한 정보 제공, 일관된 행동, 전문가의 추천 등이 필요하다.

예시

한 전자 제품 회사가 신제품을 출시하면서 고객에게 신뢰를 구축하려고 한다. "이 제품은 최근 여러 소비자 리뷰 사이트에서 높은 평가를 받았습니다. 또한, 저희 회사는 20년 이상의 역사를 가지고 있으며, 항상 고객 만족을 최우선으로 생각합니다."라는 메시지를 통해 고객에게 신뢰를 줄 수 있다.

작은 약속부터 시작하기

심리적 저항을 줄이는 또 다른 방법은 작은 약속부터 시작하는 것이다. 큰 결정을 바로 요구하기보다는 작은 약속이나 시도를 제안하여 점진적으로 고객의 신뢰를 얻는 것이 효과적일 수 있다.

예시

한 피트니스 클럽에서 신규 회원을 모집하려고 한다. "지금 바로 회원권을 구매하세요."라고 말하기보다는, "1주일 동안 무료 체험을 해보세요. 만족하신다면 그때 회원권을 구매하시면 됩니다."라는 제안을 하게 되면 고객은 부담 없이 체험해 보고, 점진적으로 클럽에 대한 신뢰를 쌓을 수 있을 것이다.

선택의 폭 제공

고객에게 선택의 폭을 제공하는 것도 심리적 저항을 줄이는 데 효과적이다. 고객이 스스로 선택할 수 있도록 다양한 옵션을 제시하면, 그들은 더 자율적이고 주체적인 결정을 내릴 수 있게 된다.

예시

한 자동차 매장에서 고객이 새 차를 구매하려고 한다. "이 모델을 꼭 선택하세요."라고 말하기보다는, "이 모델은 연비가 좋고, 이 모델은 안전 기능이 뛰어납니다. 고객님의 필요에 맞는 모델을 선택해 보세요."라는 식으로 다양한 옵션을 제시해 보자. 이를 통해 고객은 자신의 필요와 선호에 따라 자율적으로 결정을 내릴 수 있을 것이다.

사회적 증거 활용

사회적 증거는 심리적 저항을 줄이는 데 강력한 도구가 될 수 있다. 다른 사람들이 특정 제품이나 서비스를 선택한 것을 보여주면, 고객은 그 제품이나 서비스에 대한 신뢰를 더 쉽게 가지게 될 확률이 높다.

예시

한 온라인 쇼핑몰에서 새로운 전자 제품을 판매하려고 한다. "이 제품은 이미 1,000명 이상의 고객이 구매했습니다. 고객 리뷰를 확인해 보세요."라는 메시지를 통해 사회적 증거를 제시해 보자. 이를 통해 고객은 다른 사람들의 긍정적인 경험을 보고 신뢰를 가지게 될 것이다.

불안 요소 제거

고객의 심리적 저항 중 하나는 불안감이다. 구매 후의 결과나 품질에 대한 불안감을 줄이기 위해 다양한 방법을 사용할 수 있는데 예를 들어, 환불 보장, 무료 체험 기간, 품질 보증 등을 제공하여 고객의 불안감을 해소할 수 있다.

예시

한 소프트웨어 회사가 새로운 프로그램을 판매하려고 한다. 고객이 "이 프로그램이 정말 효과가 있을까요?"라고 물을 때, "저희는 30일간의 무료 체험 기간을 제공하고 있습니다. 만약 만족하지 않으시면, 전액 환불해 드리겠습니다."라고 답변해 보자. 이를 통해 고객은 불안감을 줄이고 제품을 시도해 볼 수 있을 것이다.

감정적 연결 구축

고객의 감정과 경험에 공감하고, 그들이 느끼는 문제를 이해하는 것이 필요하다. 이를 통해 고객은 자신이 존중받고 있다고 느끼게 된다.

예시

한 여행사가 새로운 패키지 여행을 판매하려고 한다. 고객이 "저는 예전에 여행사와의 나쁜 경험 때문에 망설여져요."라고 말할 때, 상담사는 "고객님의 감정을 이해합니다. 저희는 고객 만족을 최우선으로 생각하며, 모든 예약과 일정이 원활하게 진행되도록 최선을 다하고 있습니다. 저희 고객들의 긍정적인 리뷰도 참고해 보세요."라고 답변한다면 고객의 선택이 보다 수월해질 것이다.

타이밍과 맥락 고려

심리적 저항을 극복하기 위해서는 타이밍과 맥락을 고려하는 것이 중요하다. 적절한 시점과 상황에서 제안을 하면 고객이 더 쉽게 받아들일 수 있다.

예시

한 부동산 중개인이 고객에게 새로운 아파트를 소개하려고 한다. 고객이 "지금은 바빠서 고민할 시간이 없어요."라고 말할 때, 중개인은 "고객님, 주말에 시간을 내서 직접 방문해 보시는 건 어떨까요? 그때 더 여유롭게 고민해 보실 수 있을 거예요."라고 제안해 보자. 적절한 타이밍을 고려한 제안은 고객의 저항을 줄이는 데 효과적이다.

장기적인 관계 구축

고객과의 지속적인 관계를 통해 신뢰를 쌓고, 그들이 필요할 때 언제든지 도움을 받을 수 있도록 하는 것이 필요하다.

예시

한 금융 상담사가 고객에게 새로운 투자 상품을 소개하려고 한다. 고객이 "지금 당장은 큰 투자를 하기 어려워요."라고 말할 때, 상담사는 "고객님의 상황을 이해합니다. 저희는 고객님의 장기적인 재정 목표를 도와드리고자 합니다. 지금은 작은 투자부터 시작하시고, 필요하실 때 언제든지 상담해 드리겠습니다."라고 답변한다면. 이를 통해 고객은 장기적인 신뢰를 형성하게 될 확률이 높다.

긍정적인 반응을
이끌어 내는 대화 기법

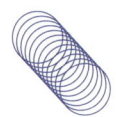

사람들과의 대화에서 긍정적인 반응을 이끌어 내는 것은 성공적인 커뮤니케이션의 핵심이다. 이는 비즈니스, 개인 관계, 사회 생활 등 모든 분야에서 중요한 역할을 한다. 긍정적인 반응을 이끌어 내기 위해서는 다양한 대화 기법을 이해하고 활용하는 것이 필요한데, 이 파트에서는 긍정적인 반응을 이끌어 내는 대화 기법에 대해 이야기하면서, 적절한 예시를 통해 이 주제를 깊이 탐구해 보자.

적극적 경청

적극적 경청은 대화의 기본이다. 상대방의 말을 진심으로 듣고, 이해하려는 태도를 보이는 것은 긍정적인 반응을 이끌어 내는 첫걸음이라고 할 수 있겠다. 이는 상대방이 존중받고 있다는 느낌을 주어 신뢰를 형성하는 데 도움을 준다.

예시

한 고객 서비스 상담사가 고객의 불만을 듣고 있다. "저희 제품에 문제가 생겨서 정말 불편하셨겠어요. 말씀해 주신 문제를 해결하기 위해 최선을 다하겠습니다."라고 말하며, 고객의 말을 적극적으로 경청하고 이해하는 모습을 보인다면 이를 통해 고객은 자신이 존중받고 있다고 느끼며, 상담사에게 긍정적인 반응을 보일 것이다.

공감 표현

공감을 표현하는 것은 상대방의 감정을 이해하고 함께 느끼는 것을 보여주는 것이다. 이는 대화를 더 따뜻하고 인간적으로 만들어 주어 긍정적인 반응을 이끌어 낼 수 있다.

예시

한 친구가 어려운 시기를 겪고 있다. "네가 지금 얼마나 힘든지 이해해. 나도 비슷한 상황을 겪었을 때 정말 힘들었어. 내가 도울 수 있는 게 있다면 언제든지 말해줘."라고 말하며, 친구의 감정을 공감해 보자. 이를 통해 친구는 위로를 받고, 긍정적인 반응을 보일 것이다.

긍정적인 언어 사용

긍정적인 언어를 사용하는 것은 대화의 분위기를 밝고 희망적으로 만드는 데 중요한 역할을 한다. 이는 상대방에게 긍정적인 영향을 미치고, 그들의 반응을 긍정적으로 이끌어 낼 수 있다.

예시

한 팀 리더가 팀원들에게 프로젝트 진행 상황을 설명하고 있다. "우리 팀은 지금까지 정말 훌륭하게 해왔어요. 앞으로 남은 과제들도 잘 해낼 수 있을 거라 믿습니다. 모두가 함께 노력하면 성공적인 결과를 얻을 수 있을 거예요."라고 말하며, 긍정적인 언어를 사용해 보자. 이를 통해 팀원들은 자신감을 얻고, 긍정적인 반응을 보일 것이다.

열린 질문 사용

열린 질문은 상대방이 자신의 생각과 감정을 자유롭게 표현할 수 있도록 도와준다. 이는 깊이 있는 대화를 이끌어 내고, 상대방의 참여를 유도하여 긍정적인 반응을 얻는 데 효과적이다.

예시

한 관리자와 직원이 성과 평가에 대해 논의하고 있다. 관리자가 "이번 프로젝트에서 어떤 점이 가장 도전적이었나요? 그리고 그 도전을 어떻게 극복하셨나요?"라고 물어본다면 직원은 자신의 경험과 생각을 자유롭게 이야기할 수 있으며, 관리자는 직원의 노력을 인정하고 긍정적인 반응을 이끌어 낼 수 있다.

칭찬과 인정

칭찬과 인정은 상대방의 노력을 격려하고, 그들이 가치 있다고 느끼게 만드는 강력한 도구이다. 이는 긍정적인 분위기를 조성하고, 상대방의 동기 부여를 높이는 데 효과적이다.

예시

한 교사가 학생에게 "이번 과제 정말 잘했어! 네가 얼마나 열심히 했는지 보여서 정말 자랑스러워."라고 말한다. 이를 통해 학생은 자신감을 얻고, 긍정적인 반응을 보일 것이다.

유머 사용

유머는 대화의 긴장을 풀고, 즐거운 분위기를 조성하는 데 효과적이다. 적절한 유머는 상대방과의 유대감을 강화하고, 긍정적인 반응을 이끌어 낼 수 있다.

예시

한 회의에서 팀장이 "오늘 우리가 논의할 내용이 많지만, 커피가 충분히 있으니 걱정하지 마세요!"라고 농담을 던진다. 이를 통해 회의 분위기는 한층 밝아지고, 팀원들은 긍정적인 반응을 보일 것이다.

명확한 의사 전달

명확한 의사 전달은 오해를 방지하고, 상대방이 메시지를 정확히 이해할 수 있도록 도와준다. 이는 대화의 효율성을 높이고, 긍정적인 반응을 얻는 데 중요하다.

예시

한 프로젝트 매니저가 팀원들에게 "이번 주 금요일까지 모든 자료를 제출해 주세요. 자료가 정확히 준비되면 다음 단계로 넘어갈 수 있습니다."라고 명확히 전달한다. 이를 통해 팀원들은 무엇을 해야 하는지 명확히 이해하고, 긍정적인 반응을 보일 것이다.

비언어적 의사소통

표정, 제스처, 자세 등 비언어적 요소를 통해 상대방에게 긍정적인 메시지를 전달할 수 있다. 이는 대화의 분위기를 개선하고, 긍정적인 반응을 이끌어 내는 데 도움을 준다.

예시

한 상담사가 고객과 대화를 나누고 있다. 상담사는 미소를 지으며, 고개를 끄덕이고, 열린 자세로 고객의 이야기를 듣는다. 이를 통해 고객은 자신이 존중받고 있다는 느낌을 받고, 긍정적인 반응을 보일 것이다.

긍정적인 피드백 제공

피드백은 상대방의 성과나 행동에 대한 평가를 제공하는 중요한 도구이다. 긍정적인 피드백은 상대방의 강점을 강화하고, 개선점을 제시하여 동기 부여를 높이는 데 효과적이다.

예시

한 매니저가 직원에게 피드백을 제공하고 있다. "이번 프로젝트에서 훌륭한 결과를 만들어 냈어요. 특히, 당신의 문제 해결 능력과 창의적인 아이디어가 큰 도움이 되었습니다. 앞으로도 이런 성과를 기대합니다."라고 말한다면 직원은 자신감을 얻고, 긍정적인 반응을 보일 것이다.

가격 민감도와
심리적 가격 책정

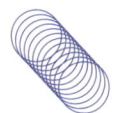

가격은 소비자가 구매 결정을 내리는 데 중요한 역할을 한다. 소비자의 가격 민감도와 심리적 가격 책정은 세일즈와 마케팅 전략을 수립하는 데 핵심적인 요소이다. 가격 민감도는 소비자가 가격 변화에 얼마나 민감하게 반응하는지를 나타내며, 심리적 가격 책정은 소비자가 느끼는 가격의 심리적 영향을 고려한 전략이다.

가격 민감도의 이해

가격 민감도는 소비자가 가격 변화에 얼마나 민감하게 반응하는지를 나타내는 지표이다. 가격 민감도가 높은 소비자는 가격이 약간만 상승해도 구매를 주저하거나 다른 대안을 찾으려고 한다. 반면, 가격 민감도가 낮은 소비자는 가격 변화에 큰 영향을 받지 않고 구매 결정을 내린다.

예시

한 슈퍼마켓에서 특정 브랜드의 우유 가격이 10% 인상되었다. 가격 민감도가 높은 소비자는 즉시 다른 브랜드의 우유를 찾기 시작한다. 반면, 가격 민감도가 낮은 소비자는 가격 상승을 크게 신경 쓰지 않고 여전히 그 브랜드의 우유를 구매한다.

가격 민감도에 영향을 미치는 요인

가격 민감도는 다양한 요인에 의해 영향을 받는데 이러한 요인들은 제품의 특성, 소비자의 경제적 상황, 브랜드 충성도, 대체 제품의 존재 등으로 구분할 수 있다.

제품의 특성

필수품일수록 가격 민감도가 낮고, 사치품일수록 가격 민감도가 높아진다. 예를 들어, 식료품은 필수품이기 때문에 가격 변화에 덜 민감하지만, 고급 가방은 사치품이기 때문에 가격 변화에 더 민감하다.

소비자의 경제적 상황

소득 수준이 낮은 소비자는 가격 민감도가 높고, 소득 수준이 높은 소비자는 가격 민감도가 낮다. 예를 들어, 저소득 가정은 가격이 약간만 상승해도 소비를 줄이거나 대체 제품을 찾게 된다.

브랜드 충성도

브랜드 충성도가 높은 소비자는 가격 민감도가 낮고, 브랜드 충성도가 낮은 소비자는 가격 민감도가 높다. 예를 들어, 애플의 충성도 높은 고객은 가격 인상에도 불구하고 새로운 아이폰을 구매한다.

대체 제품의 존재

대체 제품이 많을수록 가격 민감도가 높고, 대체 제품이 적을수록 가격 민감도가 낮다. 예를 들어, 커피 브랜드가 많다면 소비자는 특정 브랜드의 커피 가격 인상에 민감하게 반응하지만, 대체할 브랜드가 적다면 덜 민감하게 반응하게 된다.

심리적 가격 책정의 이해

심리적 가격 책정은 소비자가 가격을 인지하는 방식을 고려하여 가격을 설정하는 전략이다. 이는 소비자의 심리적 반응을 유도하여 구매 결정을 촉진하는 데 중점을 둔다.

예시

한 패션 매장에서 새 옷을 판매하면서 99,000원으로 가격을 설정해 보자. 이는 소비자에게 100,000원보다 훨씬 저렴하다는 느낌을 주어 구매를 유도하게 된다. 또한, 9로 끝나는 가격은 더 저렴하게 느껴지기 때문에 소비자는 긍정적인 반응을 보일 가능성이 높다.

매력적인 가격 포인트

매력적인 가격 포인트는 소비자에게 매력적으로 느껴지는 특정 가격대를 의미한다. 이는 소비자의 심리적 반응을 고려하여 설정된 가격으로, 구매 결정을 촉진하는 데 효과적이다.

예시

한 커피숍이 새로운 음료를 출시하면서 가격을 4,500원으로 설정한다면 소비자들은 5,000원보다는 4,500원이 훨씬 저렴하게 느껴지기 때문에 더 많은 소비자들이 구매를 결정하게 될 확률이 높다.

가격 차별화 전략

가격 차별화 전략은 동일한 제품이나 서비스에 대해 서로 다른 가격을 설정하는 것을 의미한다. 이는 소비자의 다양한 가격 민감도를 고려하여 최대한의 이익을 얻기 위한 전략이다.

예시

한 항공사가 좌석 등급에 따라 서로 다른 가격을 설정했다. 이코노미석, 비즈니스석, 퍼스트클래스 등 다양한 가격대를 제공하여 각기 다른 가격 민감도를 가진 소비자들의 요구를 충족시킨다. 이코노미석은 가격에 민감한 소비자를 대상으로 하고, 퍼스트클래스는 가격에 덜 민감한 소비자를 대상으로 한다.

번들링과 가격 패키지

번들링과 가격 패키지는 여러 제품이나 서비스를 하나의 묶음으로 제공하여 단일 가격으로 판매하는 전략을 말한다. 이는 소비자에게 더 큰 가치를 제공하는 것처럼 느끼게 하여 구매를 유도한다.

예시

한 피트니스 클럽이 멤버십을 판매하면서 헬스장 이용, 수영장 이용, 개인 트레이닝 세션을 포함한 패키지를 제공한다고 해 보자. 개별적으로 구매할 때보다 패키지로 구매하는 것이 더 저렴하게 느껴지기 때문에 소비자들은 번들링 패키지를 선택할 확률이 높아진다.

할인과 프로모션

할인과 프로모션은 가격을 일시적으로 낮추어 소비자의 구매를 유도하는 전략인데 이는 가격 민감도가 높은 소비자에게 특히 효과적일 수 있다.

예시

한 전자 제품 매장에서 블랙 프라이데이를 맞아 대규모 할인 행사를 진행하고 있다. 소비자들은 평소보다 훨씬 저렴한 가격에 제품을 구매할 수 있기 때문에 할인 행사에 큰 관심을 보일 것이다. 이는 가격 민감도가 높은 소비자들에게 효과적인 전략이다.

가격 앵커링

가격 앵커링은 소비자에게 처음 제시된 가격이 이후의 가격 인식에 영향을 미치도록 하는 전략이다. 이는 소비자가 첫 번째 가격을 기준으로 이후 가격을 비교하게 만든다.

예시

한 고급 시계 매장에서 가장 비싼 시계를 먼저 보여주고, 이후 상대적으로 저렴한 시계를 보여줄 때, 소비자들은 두 번째 시계가 훨씬 더 저렴하게 느끼게 된다. 이는 첫 번째 가격이 앵커로 작용하여 소비자의 인식을 변화시키는 효과를 가져오는 것이다.

심리적 가격 구간

심리적 가격 구간은 소비자가 특정 가격대를 심리적으로 받아들이는 범위를 의미한다. 이는 소비자가 지각하는 가격의 상한선과 하한선을 설정하여 구매 결정을 유도하게 된다.

예시

한 레스토랑이 메뉴 가격을 설정할 때, 대부분의 메인 요리를 15,000원에서 20,000원 사이로 설정한다. 이는 소비자들이 이 가격대를 적정하다고 느끼게 하여, 메뉴 선택에 도움을 준다. 이러한 심리적 가격 구간을 고려한 가격 설정은 소비자에게 부담을 덜 느끼게 해준다.

가치 지향 가격 설정

가치 지향 가격 설정은 제품이나 서비스가 제공하는 가치를 강조하여 가격을 정하는 전략이다. 이는 소비자가 가격보다 제품의 가치를 더 중요하게 생각하게 만든다.

예시

한 화장품 브랜드가 고가의 스킨케어 제품을 출시하면서, "이 제품은 피부를 근본적으로 개선하는 혁신적인 성분을 포함하고 있습니다. 매일 사용하면 피부가 더욱 건강하고 빛나게 됩니다."라고 강조한다. 소비자들은 높은 가격에도 불구하고 제품의 가치를 인식하게 되어 구매를 결정하게 될 확률이 높다.

후광 효과의 정의와 세일즈에서의 활용

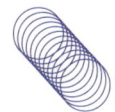

후광 효과(Halo Effect)는 심리학에서 중요한 개념 중 하나로, 한 가지 긍정적인 특성이 전체적인 인식에 긍정적인 영향을 미치는 현상을 말한다. 이는 우리가 다른 사람이나 제품, 브랜드에 대해 가지는 첫인상이 전체적인 평가에 큰 영향을 미친다는 것을 의미한다. 후광 효과는 특히 세일즈와 마케팅에서 강력한 도구로 활용될 수 있다. 이제, 후광 효과의 정의와 이를 세일즈에서 어떻게 활용할 수 있는지 알아보도록 하자.

후광 효과의 정의

후광 효과는 한 가지 긍정적인 특성이 전체적인 인식에 영향을 미치는 심리적 현상을 의미한다. 이는 주로 외모, 명성, 첫인상 등 특정 요소가 다른 모든 측면에 대한 평가에 영향을 미치는 방식으로 나타난다. 예를 들어, 외모가 뛰어난 사람이 더 친절하고, 지적이며, 유능하다고 여겨지는 경우가 이에 해당한다.

예시

한 유명 배우가 광고에 출연하면, 그 배우의 긍정적인 이미지가 그가 홍보하는 제품에 대한 인식에도 긍정적인 영향을 미친다. 소비자들은 그 제품이 더 고급스럽고, 품질이 높으며, 믿을 만하다고 생각하게 된다.

후광 효과의 원리

후광 효과의 원리는 우리의 뇌가 정보를 처리하는 방식과 관련이 있다. 인간은 복잡한 정보를 단순화하려는 경향이 있기 때문에, 한 가지 긍정적인 특성을 다른 특성에 대한 평가로 일반화한다. 이는 일종의 인지적 편향으로, 우리의 판단을 빠르고 쉽게 만든다.

예시

한 레스토랑에서 처음 방문한 고객이 직원의 친절한 서비스를 받으면, 그 레스토랑의 음식 맛과 분위기까지도 더 긍정적으로 평가할 가능성이 높다. 이는 첫인상이 전체 경험에 큰 영향을 미치는 후광 효과의 전형적인 예시라고 할 수 있다.

후광 효과의 세일즈에서의 활용

세일즈와 마케팅에서 후광 효과를 활용하면, 소비자들이 제품이나 서비스에 대해 긍정적인 인식을 가지게 만들 수 있다. 이는 첫인상, 브랜드 이미지, 유명 인사 활용 등을 통해 실현될 수 있다.

첫인상 중요성 강조

첫인상은 후광 효과를 일으키는 중요한 요소 중 하나인데 세일즈에서는 첫인상을 긍정적으로 형성하기 위해 초기 접점에서의 경험을 중요하게 다룬다. 이를 위해 제품의 외관, 매장 분위기, 직원의 태도 등을 신경 써야 한다.

예시

한 자동차 매장에서 고객이 처음 방문했을 때, 밝고 깨끗한 쇼룸, 친절한 직원, 정돈된 차량이 고객에게 긍정적인 첫인상을 남긴다. 이러한 첫인상은 그 고객이 매장과 자동차에 대해 전반적으로 긍정적인 평가를 하게 만드는 데 큰 역할을 하게 된다.

브랜드 이미지 강화

강력하고 긍정적인 브랜드 이미지를 구축하면, 소비자들은 그 브랜드의 모든 제품을 긍정적으로 인식하게 된다.

예시

애플(Apple)은 혁신적이고 고급스러운 브랜드 이미지를 가지고 있다. 이 이미지는 소비자들이 애플의 새로운 제품을 볼 때마다 그 제품이 혁신적이고 고품질이라고 믿게 만든다. 실제로 애플의 제품은 출시되기 전부터 높은 기대감을 불러일으키며, 이는 판매에 긍정적인 영향을 미친다.

유명 인사 활용

유명 인사를 활용하는 것은 후광 효과를 극대화하는 또 다른 방법이다. 유명 인사의 긍정적인 이미지를 제품이나 브랜드에 연계시켜 소비자들의 신뢰와 호감을 얻을 수 있다.

예시

한 스포츠 브랜드가 유명 축구 선수인 리오넬 메시를 광고 모델로 기용하고 있다. 메시의 뛰어난 축구 실력과 긍정적인 이미지는 그가 착용한 스포츠 의류와 신발에 대한 소비자의 인식을 높여주는 효과가 있다.

후광 효과와 제품 포지셔닝

제품 포지셔닝은 시장에서 제품이 차지하는 위치를 정의하는 전략이다. 후광 효과를 활용한 제품 포지셔닝은 특정 긍정적인 특성을 강조하여 소비자들이 제품을 더 매력적으로 느끼게 만든다.

예시

한 고급 시계 브랜드가 '정밀함'과 '전통'을 강조하고 있다. 이 브랜드는 시계 제작의 장인 정신과 오랜 역사를 강조하며, 소비자들에게 정밀하고 신뢰할 수 있는 이미지를 전달한다. 이러한 이미지는 브랜드의 모든 제품에 후광 효과를 일으켜, 소비자들이 그 브랜드의 시계를 더 신뢰하고 선호하게 만들게 된다.

후광 효과와 광고 전략

광고 전략에서도 후광 효과를 활용할 수 있다. 광고에서 긍정적인 이미지를 강화하고, 이를 통해 제품이나 브랜드에 대한 긍정적인 인식을 유도한다.

예시

한 화장품 브랜드가 자연스럽고 건강한 아름다움을 강조하는 광고 캠페인을 진행하고 있다. 모델들이 자연스러운 메이크업을 하고 활기찬 모습을 보여주며, 제품의 자연 성분과 피부 개선 효과를 강조한다. 소비자들은 광고를 보고 그 제품이 자신에게도 건강한 아름다움을 줄 것이라고 믿게 된다.

후광 효과와 리뷰 및 추천

고객 리뷰와 추천은 후광 효과를 유도하는 강력한 도구이다. 긍정적인 리뷰와 추천은 다른 소비자들에게 제품이나 서비스에 대한 긍정적인 인식을 심어준다.

예시

한 전자 제품 회사가 새로운 제품을 출시하면서, 초기 구매자들로부터 긍정적인 리뷰를 많이 받았다. "이 제품은 정말 훌륭해요. 사용하기도 편하고 성능도 뛰어납니다."라는 리뷰는 다른 잠재 고객들에게 제품에 대한 긍정적인 인식을 심어주게 된다. 이러한 후광 효과를 통해 제품의 판매를 촉진하게 된다.

후광 효과와 사회적 증거

사회적 증거는 사람들이 다른 사람들의 행동을 보고 자신도 따라 하려는 경향을 말한다. 후광 효과를 통해 사회적 증거를 강화하면, 소비자들이 제품이나 서비스를 더 신뢰하고 선택하게 만든다.

예시

한 레스토랑이 "매일 수백 명의 고객이 찾아오는 인기 있는 식당"이라는 메시지를 강조한다. 소비자들은 많은 사람들이 선택하는 레스토랑이기 때문에 자신도 그곳을 방문해야 한다고 생각하게 된다.

마무리하며

여기까지 함께해 주신 여러분께 감사의 말씀을 전합니다. 우리는 현대의 영업 전장에서 승리하기 위한 다양한 전략과 멘트의 중요성을 살펴보았습니다. 공격적이고 전투적인 언어로 멘트를 구성하고, 세일즈 과정에서의 고객의 심리적 상태와 각각의 특성에 맞춘 접근법을 통해 고객의 마음을 사로잡는 방법을 알아보았습니다.

현대 영업의 전장은 빠르게 변화하고 있으며, 이 변화에 적응하고 앞서 나가는 것이 성공의 열쇠입니다. 강력한 첫인상을 남기는 것부터, 짧고 강렬한 메시지, 감성적 연결, 고객의 심리적 상황에 따른 판매 전략, 그리고 지속적인 학습과 개선까지 우리는 다양한 방법을 통해 고객과의 관계를 강화하고, 성공적인 영업을 이끌어 낼 수 있습니다.

이 책이 여러분의 영업 전략을 더욱 강력하게 만들고, 실질적인 성과를 올리는 데 도움이 되기를 바랍니다. 끊임없이 변화하는 전장에서 멈추지 말고, 항상 학습하고, 개선하며, 새로운 도전을 두려워하지 마십시오. 여러분이 가진 창의성과 열정은 이 전장에서 승리하는 데 있어 가장 강력한 무기가 될 것입니다.

  이제, 여러분의 전장에서 힘차게 나아가십시오. 당신의 멘트와 전략은 적을 무너뜨릴 강력한 무기입니다. 고객의 마음을 사로잡고, 그들과 진정한 신뢰를 쌓아가는 여정에서 승리의 기쁨을 누리시길 바랍니다. 끝까지 읽어주셔서 감사합니다. 여러분의 성공을 기원합니다.

  감사합니다.

2024년 11월 29일

김범석

설득의 방정식

초판 1쇄 발행 2024. 11. 29.

지은이 김범석
펴낸이 김병호
펴낸곳 주식회사 바른북스

편집진행 황금주
교정진행 박하연
디자인 김민지

등록 2019년 4월 3일 제2019-000040호
주소 서울시 성동구 연무장5길 9-16, 301호 (성수동2가, 블루스톤타워)
대표전화 070-7857-9719 | **경영지원** 02-3409-9719 | **팩스** 070-7610-9820

•바른북스는 여러분의 다양한 아이디어와 원고 투고를 설레는 마음으로 기다리고 있습니다.
이메일 barunbooks21@naver.com | **원고투고** barunbooks21@naver.com
홈페이지 www.barunbooks.com | **공식 블로그** blog.naver.com/barunbooks7
공식 포스트 post.naver.com/barunbooks7 | **페이스북** facebook.com/barunbooks7

ⓒ 김범석, 2024
ISBN 979-11-7263-849-8 03320

•파본이나 잘못된 책은 구입하신 곳에서 교환해드립니다.
•이 책은 저작권법에 따라 보호를 받는 저작물이므로 무단전재와 복제를 금지하며,
이 책 내용의 전부 및 일부를 이용하려면 반드시 저작권자와 도서출판 바른북스의 서면동의를 받아야 합니다.